최고의 설득을 이끌어내는
프레젠테이션

조 두 환 지음

가림출판사

'과연 프레젠테이션이란 무엇일까? 프레젠테이션을 잘하기 위해서는 어떻게 하면 좋을까? 뭐 좀 참고가 되고 읽을 만한 좋은 책이 없을까?' 라는 의문을 갖고 있는 사람들이 많다. 또한 '저 사람 참 말 잘한다. 나는 언제쯤 저렇게 자신 있게 프레젠테이션을 잘 할 수 있을까?' 라는 생각을 적어도 한두 번쯤은 해보았음 직하다. "프레젠테이션 능력 하나만 가지고 출세했다."라는 얘기도 간혹 들린다. 그리고 TV에서 유창하게 강의를 하는 강사들이 스타가 되고 있는 시대이다.

그러나 대중 앞에서 발표를 한다는 게 결코 쉬운 일은 아니다. 물론 타고난 프레젠테이션 능력을 가진 행운아들도 있으나, 대부분의 사람들에게 발표 그 자체는 공포 또는 커다란 스트레스로 작용하고 있다. 특히 우리나라 사람들은 대중 앞에 서기만 해도 극도로 긴장하고 불안해하는 대인공포증의 증세가 심한 편인데, 이런 현상은 어렸을 때부터의 교육 방식과 예로부터 내려오는 문화에서 기인한다고 보면 된다. 그러나 이런 점들 때문에 프레젠테이션을 포기하거나 거부할 수 있는 시대는 지났다. 이제는 누가 자기 의사를 더 잘 표현하고 전달하느냐에 따라 그 사람의 이미지가 평가된다고 해도 과언이 아닌 시대가 왔다.

특히 광고, Brand, PR, Consulting 회사 등 마케팅, 커뮤니케이션 관련 업계에 종사하는 전문 인력들에게 프레젠테이션 능력은 가장 중요한 요소로 부각되고 있다. 사내 미팅 및 대·소규모 그룹의 미팅에서도 프레젠테이션은 한 개인의 업무처리 능력을 평가하는 잣대로 작용하고 있다. 즉, 대중 앞에서 설득력 있게 발표를 잘하는 사람이 출세하는 시대가 이미 온 것이다. 미국의 저명한 경영학자 피터 드러커(Peter F. Drucker, 1909~2005)는 "인간에게 있어 가장 중요한 능력은 자기표현이며, 현대의 경영이나 관리는 커뮤니케이션에 의해서 좌우된다."라는 말로 프레젠테이션의 중요성을 강조하였으며, '21세기는 프레젠테이션의 시대'라는 말까지도 나오고 있다.

이 책에서는 이러한 프레젠테이션 능력의 중요성을 감안하여, 프레젠테이션에 자신이 없는 사람들이나 웬만큼은 하지만 좀 더 잘하고 싶은 사람들을 위한 노하우들을 정리해 보았다. 결론부터 말하면 프레젠테이션을 잘 하기 위해서는 부단한 연습(Rehearsal) 외에는 왕도가 없다. 연습 없이도 프레젠테이션을 잘 하는 경우가 간혹 있긴 하지만 그들에게서는 '깊이'를 느낄 수가 없다. '단순한 설명'이라고나 할까?

필자는 광고 대행사와 브랜딩 회사에 근무해 오면서 실시한 수 백 회의 프레젠테이션 경험과 다년간의 강의 경력을 바탕으로 획득한 모든 지식, 그리고 다양한 성공, 실패 경험을 중심으로 본 책을 구성하였다. 경험이 전혀 없는 독자들은 앞으로 프레젠테이션을 실시함에 있어 하나의 기준으로 삼길 바라며, 경험이 어느 정도 있는 독자들에게는 다시 한 번 정리해 보는 기회가 되길 바란다. 아울러 이 책을 읽는 모든 독자가 커다란 '화두(話頭)'를 건져 훌륭한 프레젠터가 되기를 기원한다.

- 조두환

Contents

Prologue • 7

제1장　프레젠테이션은 왜 어려울까?　*13*

제2장　Good 프레젠테이션의 핵심 포인트　*21*

제3장　효과적인 프레젠테이션 준비단계　*31*

　1단계 | 청중 분석 • *35*
　　청중 분석의 주요항목 • *36*　청중 유형별 분석 • *47*
　　프레젠테이션 시간대별 청중 분석 • *58*

　2단계 | 프레젠테이션 목적과 목표 설정 • *61*
　　개요 • *63*　목적 및 목표의 몇 가지 예 • *64*

　3단계 | 자료 및 정보의 수집과 분석 • *66*
　　좋은 자료란?(자료 수집의 Guideline) • *67*
　　자료 및 정보 수집과 분석에 있어서의 고려사항 • *69*

　4단계 | 프레젠테이션 구성 • *73*
　　도입부 • *74*　본론부 • *78*　결론부 • *81*　시간 구성 • *85*

　5단계 | 시청각 기자재 및 보조 자료 • *86*
　　시청각 기자재 사용에 있어서의 고려사항 • *87*
　　빔 프로젝터와 노트북 컴퓨터 • *89*
　　칠판 또는 화이트보드 • *91*　플립 차트 • *94*　마이크 • *96*
　　보조 자료 • *99*

　6단계 | 발표원고 작성 • *100*
　　고려사항 • *102*　원고작성 기술 • *107*

　7단계 | 연습 • *130*

제4장 청중을 사로잡는 프레젠테이션 실시 *147*

비언어적 요소(Non-verbal element) • *150*
 Eye contact(청중과 눈맞추기) • *153*
 Gesture(손동작) • *163*
 Movement(발의 움직임 및 위치 이동, 무대 활용) • *173*
 Posture(서 있는 자세) • *178*
 Voice(목소리) • *180* Expression(표정) • *188*
 Fashion(옷차림) • *190*

프레젠테이션에서의 스피킹 • *193*
 발표원고(Slides) 및 설명과 관련된 스피킹 • *195*
 표현과 관련된 스피킹 • *201*
 프레젠터의 이미지와 관련된 스피킹 • *205*

도입부와 결론부 전개 • *208*
 도입부 전개 • *208* 결론부 전개 • *214*

제5장 질문에 대한 응대 요령 *219*

대답을 잘 할 수 있는 방법 • *223*
질문 받았을 때의 태도 • *224*
질문의 종류 • *226*
프레젠터를 곤혹스럽게 만드는 질문자 유형 • *229*
대답할 때의 고려사항 • *231*
답변의 4단계 • *239*
질의응답 순서 비교 • *242*

제6장 **프레젠테이션 평가** *245*

제7장 **프레젠터** *255*

프레젠터의 첫인상 • *258*
　　자기소개 시 고려사항 • *259*
　　프레젠터가 타인에 의해 소개를 받고 나갈 때 • *262*
　　시작하면서 프레젠터가 저지르기 쉬운 일반적 실수들 • *264*
　　긴장의 증상과 긴장을 푸는 노하우 • *266*

스타일에 따른 프레젠터 유형과 프레젠터 선정 • *272*
　　스타일에 따른 프레젠터 유형 • *273*
　　프레젠터 선정 • *275*

바람직한 프레젠터와 바람직하지 못한 프레젠터 • *277*
　　바람직한 프레젠터 • *278*　바람직하지 못한 프레젠터 • *283*
　　Who will be a winner? • *289*

Epilogue • 292

제 1 장

프레젠테이션은 **왜** 어려울까?

Key Points

♣ 대중 앞에서의 프레젠테이션은 공포감과 긴장감을 유발함
♣ 프레젠테이션은 청중을 설득하는 과정임
♣ 청중 중심의 프레젠테이션 전개가 꼭 필요함

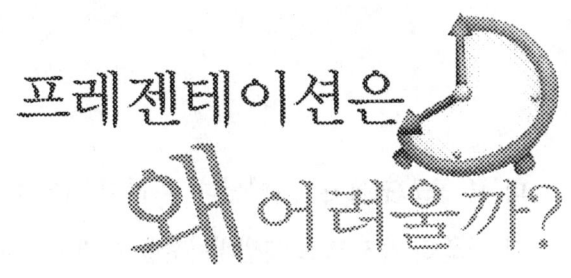

프레젠테이션은 왜 어려울까?

프레젠테이션은 우리가 태어나면서부터 시작된다. 즉, 프레젠테이션을 거창하게 볼 필요가 없다는 말이다. 동시에 우리 생활과 분리하여 생각해서도 안 된다는 뜻이기도 하다. 인간이 태어나면서 보이는 첫 반응인 울음소리, 학교 수업시간에서의 발표, 모임에서의 토론, 회사 면접을 위한 인터뷰, 회의, 상사에게의 보고, 연봉협상, 남녀 간의 미팅, 강의나 강연……. 이 모두가 프레젠테이션이다. 이처럼 프레젠테이션은 우리가 살아가면서 의미 있는 순간에는 꼭 함께한다고 볼 수 있으며, 특히 그룹 앞에서의 발표는 프레젠테이션의 정수(精髓)라고 보면 되겠다.

그러나 그렇게 중요한 프레젠테이션을 누구나 어렵다고 생각한다. 그 첫 번째 이유는 남 앞에서 발표한다는 그 자체가 엄청난 두려움을 느끼게 하기 때문이다. 자연히 그룹 앞에서의 프레젠테이션을 하다보면 뜻대로 되지 않을 때가 많다. 미국에서 실시된 조사 결과에서도 '그룹 앞에서 발표하기'는 가난, 고소 공포, 질병보다 더 큰 공포(恐怖)로 나타났다. 따라서 거의 대부분의 사람들이 이런 공포를 가지고 프레젠테이션을 하기 때문에 마음먹은 대로 되지 않음을 프레젠테이션 도중에도 스스로 알게 되고, 끝난 후에는 더욱 절실히 느끼게 된다. 특히 남 앞에 나서기를 싫어하고 겸손을 미덕으로 삼고 있는 우리 한국인들에게는 이러한 현상이 더욱 심하게 나타나고 있다.

반면 외국에서는 어렸을 때부터 'Show & Tell(대중 앞에서 무엇인가를 보여주고 그것에 대해 설명하는 방식) 문화'에 익숙해져 있기 때문에 우리보다는 조건이 비교적 괜찮은 편이며, 실제 프레젠테이션을 함에 있어서도 상대적으로 우리보다 자연스럽다. 그러나 우리는 일단 나선다는 그 자체에 대해 거부감을 갖고 있는 이들이 적지 않으며, 마지못해 나서더라도 무슨 말을 했는지 기억조차 하지 못할 정도로 당황해하다 들어온다.

위안처럼 들릴지 모르지만 이는 너무나도 당연한 일이다. 대중 앞에서 한 치의 떨림도 없이 발표를 한다면 그 사람은 대단히 많은 경험을 갖고 있다거나, 타고난 뻔뻔함을 가진 사람일 것이다. 따라서 떨림, 긴장에 대해 지나치게 걱정할 필요가 없으며, 이 모두가 훈련과 경험을 통해서 해소된다. 처음부터 프레젠테이션을 잘하겠다는 생각 자체가 과욕이다. 모든 것은 시간이 해결해 준다는 느긋한 마음을 갖도록 하자.

여기서 프레젠테이션에 대한 지나친 두려움을 조금이라도 줄일 수 있는 몇 가지 조언을 하고자 한다. 누구나 긴장을 하게 되면 실수를 연발하게 되는데, 청중은 이런 실수에 대해 잘 눈치 채지 못한다. 그리고 발표 시작 시 긴장으로 인한 떨림이 좀 있더라도 시간이 지나면서 불안과 흥분은 점차 감소되며, 경험이 쌓일수록 안정되는 속도는 점점 더 빨라진다. 그리고 설사 약간의 불안함과 초조함이 생긴다 하더라도 그것은 오히려 발표를 생기 있고 활기차게 만드는 데 도움을 준다. 약간의 긴장감은 몸속에 '아드레날린(Adrenalin)'이라는 효소를 흐르게 하여 평소에는 없는 예리함을 갖게 해준다고 한다.

프레젠테이션이 어려운 또 하나의 큰 이유는 바로 단지 내용을 전달하는 데서 끝나는 게 아니라 듣는 사람으로 하여금 무엇인가를 느끼게 해야 하고, 제안 또는 주장에 대해 동의를 끌어내야 하는 '설득의 과정'이기 때문이다. 프레젠터 혼자 신나서 외치고 끝난다면, 그것은 바로 혼자 진행하는 '일방적 커뮤니케이션(One-way communication)'이지 결코 '쌍방향 커뮤니케이션(Two-way communication)'이 아니다. 프레젠테이션은 일방적인 연설이 아니라 청중과 함께 논의하는 자리이므로 쌍방의 교류가 있어야 한다. 그것이 이루어지지 않았을 때에는 프레젠테이션이 끝난 후 어떤 결과도 도출하기가 힘들어진다. 따라서 훌륭한 프레젠테이션이란 '단순한 지식의 전달이나 내용의 설명'에 그쳐서는 안 되며, 감동할 수 있는 그 무엇을 만들어 청중과 협의해야 하고, 또 그에 따라

목표달성을 위한 무엇인가를 얻을 수 있을 때만 가능한 것이다.

마지막으로 프레젠테이션이 어려운 이유는 바로 '청중 중심'으로 전개되어야 하기 때문이다. 본인 스스로 아무리 발표를 잘하고 있다고 생각하더라도 청중이 "아니야, 아니야, 이건 아니야."라는 반응을 보일 때도 있고, 화려하고 유창하게 프레젠테이션을 끝냈다 하더라도 반응이 싸늘한 경우도 얼마든지 있을 수 있다. 왜일까? 이유는 딱 한 가지이다. 바로 프레젠터 본인 중심으로 프레젠테이션을 전개하였기 때문이다. 듣는 사람들의 관심은 외면한 채 "나 나름대로 진행할 테니, 당신들은 그냥 듣기나 하시오."라는 식이었다면 충분히 그런 반응이 나올 수 있다.

자. 이제 대중 앞에서의 프레젠테이션이 왜 그렇게 어려운지 모두 정리가 되었다. 그렇다면 지금부터 이런 어려움을 이겨내고 진정한 전문가로 발돋움할 수 있는 노하우들을 살펴보도록 하자.

제2장

Good
프레젠테이션의
핵심 포인트

Key Points

♣ 편안한 프레젠테이션 (Convenient)
♣ 자신감 넘치는 프레젠테이션 (Confident)
♣ 효과적인 비언어적 요소의 사용 (Non-verbal elements)
♣ 효율적인 전달 (Effective delivering)
♣ 질문에 대한 적절한 응대 (Handling Q&A)
♣ 꾸준한 연습 (Rehearsal)

presentation

Good 프레젠테이션의 핵심포인트

프레젠테이션이란 과연 무엇일까? 먼저 국내외 관련 책에서 자주 보게 되는 일반적인 정의를 살펴보자. '정해진 시간 내에 자신의 메시지를 정확하게 전달하고 설득하여 판단과 의사결정까지 이르게 하는 커뮤니케이션(Communication) 과정', '다양한 기술과 커뮤니케이션 도구를 이용하여 자신의 메시지를 가능한 한 명확하게 또 효과적으로 전달하는 일련의 종합적인 과정', '자신의 주장이나 아이디어, 경험, 노하우 등 제반 정보를 상대방에게 전달하고 설득하는 모든 행위', '승부의 장', '행동을 유발시키는 장', '잘 기획되고 정리된 쇼(Show)' 등 정의가 다양하다.

모두 프레젠테이션을 잘 설명하고 있는 문장들이며, 대부분의 모든 프레젠터들은 이런 정의에 합당한 결과를 도출하기 위해 애쓴다. 그러나 이런 교과서적인 정의보다는 프레젠테이션의 본래 목적을 잘 실현시킬 수 있는 '과정과 방법'이 더욱 중요하다. 따라서 프레젠테이션의 핵심을 잘 간파해야 하며, 본 장에서는 그 핵심요소에 대해 살펴보기로 하겠다. 프레젠테이션을 잘 하기 위해서 꼭 기억해야 할 6가지 요소는 다음과 같다.

첫째, 프레젠테이션을 편안하게(Convenient) 진행하는 것이다.

프레젠터가 딱딱하고 불안한 모습을 보인다면, 참석자들은 내용을 듣기보다는 그러한 모습에 신경이 더 쓰이며 불편해 한다. 누군들 편안하게 진행하고 싶지 않겠는가? 마음만 잘 먹는다고 해서 될 일이었으면 모두가 훌륭한 프레젠터가 될 수 있을 것이다. 그러나 현실이 그렇지 않다는 것을 너무나 잘 안다. 편안한 프레젠테이션을 하기 위해서는 반드시 사전에 충분한 연습을 거쳐야 하며, 프레젠테이션이 자기 몸과 하나가 되었을 때만 가능하다. 청중을 설득시키기 위해서 가장 먼저 선행되어야 할 과제는 부단한 연습을 통해 만들어지는 편안한 프레젠테이션 진행임을 꼭 기억하자.

둘째, 자신감(Confidence)을 갖고 진행하는 것이다.

자신감은 발표를 함에 있어 가장 큰 영향을 미치는 요소로 충분한 연습이 이뤄진 다음 생기는 결과임은 두말할 나위가 없다. 그러나 엄청난 연습을 거쳤음에도 불구하고, 또한 내용을 완벽히 이해했음에도 불구하고 자신감을 갖지 못하는 이유는 여러 가지가 있다.

　우선 일반적인 이유를 살펴보면, 자신이 준비한 내용에 대한 불확신과 청중이 자신보다 더 많이 알고 있을지도 모른다는 생각, 발표 내용이 제대로 기억나지 않을지도 모른다는 불안감, 그리고 실패했을 경우의 참담함 등의 피해의식이 자신감 결여로 연결된다.

　그러나 정작 자신감 결여의 중요한 이유는 바로 '과연 청중들이 나의 제안이나 주장에 대해 호의적인 태도를 가질 수 있을까?' 라는 필요 없는 걱정에서 기인한다. 즉, 그들에 대한 두려움 때문인데 이처럼 안타까울 데가 없다. 왜냐하면 아무리 발표를 훌륭히 잘하더라도 청중들이 이해하지 못한다거나 호의적인 태도를 갖지 않는다면 무용지물이요, 프레젠터 스스로가 별로 마음에 들지 않는다고 여기지만 청중들은 매우 흡족해 할 때도 간혹 있기 때문이다.

　물론 지나친 자신감은 청중을 무시하는 태도로 보이므로 다소 곤란하지만, 자신이 준비한 내용이 'The Best' 라는 믿음과 의지를 갖고 진행한다면 '자신감' 은 자연히 생기게 되리라고 본다. 고생하여 열심히 마련한 결과물들은 모두가 고귀한 것이다. 비록 잘 먹혀들지 않더라도 자신감이 결여된 태도 대신 확신에 찬 언행으로 프로다운 모습을 보여주도록 하자.

셋째, 비언어적 요소(Non-verbal elements)를 효과적으로 사용하는 것이다.

프레젠테이션이 말이나 문자(Verbal elements)로만 이루어진다고 생각하겠지만, 실제로는 비언어적 요소(Non-verbal elements)가 훨씬 더 큰 비중을 차지한다. 즉, Eye contact(청중과의 눈 맞춤), Gesture(손동작), Movement(발의 움직임 및 위치 이동), Posture(자세), Voice(목소리), Fashion(의상), Energy(열정), Presenter image(프레젠터 이미지) 등은 메시지의 효율적인 전달에 있어 매우 큰 역할을 한다. 이에 대해서는 뒤에서 요소별로 자세히 설명을 하겠지만, 프레젠테이션 스킬 중 핵심요소는 바로 이 Non-verbal elements 임을 꼭 명심하자. 필자도 많은 프레젠테이션 경험 중 청중을 제대로 설득시키지 못한 경우가 종종 있었는데, 이 비언어적 요소의 적절한 사용이 부족하지는 않았나 하는 후회를 자주 해보았다.

예를 들어 보자. 인기 개그 프로그램을 보고 우리는 배를 잡고 웃는다. 그러나 그 대본을 가지고 우리보고 그들처럼 웃겨보라고 하면 자신 있다고 대답할 수 있는 이들이 도대체 몇 명이나 될까? 거의 없지 않겠는가? 그들이 웃길 수 있는 이유는 바로 '어떻게 전달하는지'에 대한 노하우를 가지고 있기 때문이다. 프레젠테이션도 다를 바 없다. 같은 내용으로 환상적인 프레젠테이션을 할 수 있는 사람이 있는 반면, 어떤 이는 평범하게 할 수밖에 없다.

이런 글이 있다. "It's not what you say, it's the way that you say it. That's what brings results(무슨 말을 하는 것이 중요한 게 아니라 어떻게 말하는 것이 중요하다)." 비언어적 요소의 가치를 단적으로 잘 설명해주는 문장이니 잘 기억하도록 하자.

넷째, 내용의 효율적인 전달 (Effective delivering)이다.

프레젠테이션을 실시할 때는 같은 내용을 전달하더라도 그 방법에 따라 커다란 차이가 난다. 즉, 효율적인 전달이 프레젠테이션 핵심의 네 번째 요소다. 앞서 세 번째 요소로 언급한 Non-verbal elements도 이에 포함된다. 그냥 입으로만 전달하는 게 아니라 제스처 등을 사용해서 진행한다면 청중이 받아들이는 효과는 매우 높아진다.

또한 자료를 제시할 때 출처가 되는 자료원 자체를 직접 보여준다면 신뢰감은 더욱 더 강해질 것이다. 즉, 적절한 보조 자료의 사용은 발표 효과를 극대화시키는 뛰어난 스킬이다. 따라서 프레젠테이션은 전달 방법에 있어 얼마나 열심히 계획하고 준비하느냐에 따라 매우 큰 차이를 보이게 된다.

다섯째, 질문에 대한 응대(Handling Q&A) 또한 중요한 요소 중 하나다. 프레젠테이션이 끝난 후 싫든 좋든 피해갈 수 없는 과정이 바로 질의응답 시간이다. 30분에 걸친 발표를 매끄럽게 진행하였다고 가정하자. 그런 프레젠터가 질문을 받고선 자신감 없는 태도를 보인다거나 횡설수설한다거나 또는 위기 모면을 위하여 거짓말을 한다면 다 된 밥에 코 빠뜨리는 결과를 초래하게 된다. 그동안 쌓였던 신뢰감과 우호적인 감정이 순식간에 사라지는 순간 '어떻게 하면 질문에 대해 효율적으로 잘 응대할 수 있을까?' 라는 문제는 프레젠테이션 결과 전체를 좌우하는 하나의 핵심 포인트라 할 수 있다.

여섯째, 끊임없는 연습(Rehearsal)이다.
프레젠테이션에 실패하는 주된 이유의 약 80% 이상이 바로 이 연습 부족에 있다고 해도 과언이 아니다. 그러나 연습의 중요성을 너무나 잘 알면서도 왜 잘 하게 되지 않는 걸까? 안 하는 걸까? 아니면 못하는 걸까? 물론 두 가지 모두 맞는 얘기이지만 못한다고 보는 편이 더 맞다. 왜냐하면 준비과정에서 연습할 시간을 별도로 마련해두지 않았기 때문이다.

필자가 광고 대행사에 처음 입사했을 때 거의 모든 프레젠테이션 준비과정이 비슷하다는 것을 쉽게 알아차릴 수 있었다. 그것은 바로 연습시간을 별도로 갖지 않는다는 것이었다. 기획서는 대개 발표 당일 아침에 완료되었고, 연습은 프레젠터가 개인적으로 머릿속으로 대충 해나가는 게 고작이었다. 물론 필자도 이런 방식을 고수하면서 프레젠테이션을 준비해나갔다. 그러나 프레젠테이션이 끝나고 나면 어딘지 모르게 허전한 구석을 감출 수가 없었고, '아! 이 얘기는 꼭 했어야 했는데……. 왜 내가 그것을 놓쳤지? 바보같이…….' 라는 후회를 한 적이 한 두 번이 아니었다. 그러면서도 다음번엔 똑같은 과정을 반복하게 된다. 이런 악순환이 바로 경쟁 프레젠테이션에서 승률을 높이지 못한 결과로 나타났는지도 모르겠다.

그러나 프레젠테이션에 대한 본격적인 교육을 받은 이후 머릿속에 가장 인상 깊게 남았던 내용은 바로 '꾸준한 연습만이 프레젠테이션을 잘 할 수 있는 유일한 길이다.' 라는 너무나도 평범하고 기본적인 원칙이었다. 그래서 요즈음도 강의할 때는 꼭 강조한다. "프레젠테이션 준비기간 중 마지막 2~3일은 없다고 생각하십시오. 즉, 2~3일 전에 모든 준비가 완료되어 있어야 하며, 남겨둔 그 기간에는 연습에만 몰두해야 합니다. 단지 내용이나 구성의 완벽을 더하기 위해 마지막 남은 시간까지 소비해버린다면 자기만족에 그칠 수밖에 없습니다."

연습에 대해서는 뒤에서 자세히 공부를 하기로 하겠지만, 이 책을 읽는 모든 독자가 "철저한 연습 없이는 프레젠테이션을 잘 하기 어렵다."라는 사실을 꼭 기억했으면 한다. 물론 베테랑이 된 이후에는 연습을 거의 하지 않고서도 훌륭한 프레젠테이션을 할 수 있을 터이지만 그 때까지는 꼭 마음속에 담아두기를 바란다.

지금까지 프레젠테이션을 잘하기 위한 몇 가지 개념들을 정리해 보았다. 거의 대부분의 독자들이 맞는 얘기라며 고개를 끄덕이며 당연하다고 생각들 하였으리라고 본다. 그러나 문제는 실천이다. 지극히 잘 알고 있더라도 실천을 하지 않으면 소용이 없다.

그러면 이제 청중을 120% 설득시킬 수 있는 효과적인 준비과정에 대해서 살펴보기로 하자.

제 3 장

효과적인
프레젠테이션
준비단계

 *Key* *Points*

- 청중 분석 (Audience analysis)
- 프레젠테이션 목적과 목표 설정 (Set objective for presentation)
- 자료 및 정보 수집과 분석 (Collect and analyze information)
- 프레젠테이션 구성 (Presentation structure)
- 시청각 기자재 및 보조 자료 (Audio-visual aids)
- 발표원고 작성 (Presentation slide)
- 연습 (Rehearsal)

Key Points

효과적인 프레젠테이션 준비단계

프레젠테이션을 성공적으로 진행하기 위해서는 그 준비과정이 대단히 중요하다.

광고 대행사 근무자를 비롯한 모든 마케팅, 커뮤니케이션 관련 업계 종사자 중 초보자를 대상으로 "프레젠테이션 준비과정 중 가장 먼저 해야 할 일이 무엇이라고 생각하느냐?"라는 질문을 하면 거의가 '자료 수집'이라고 대답한다. 가끔 '청중 분석'이라고 정답을 맞히는 경우가 있긴 하지만 그래도 '자료 수집'이 압도적이다.

필자 역시 처음 프레젠테이션을 준비할 때에는 자료 수집부터 시작하였다. 아니 준비과정의 거의 90%를 자료 수집만 하다 시간을 모두 보냈다. 왜냐하면 자료 수집은 그리 어렵지 않으면서도 열심히 일하는 모습처럼 보이는 괜찮은 무기였고, 특히 신입사원 시절에는 그 일 외에는 별 다른 역할이 맡겨지지도 않았기 때문이다. 그러나 프레젠테이션이 끝난 후 나 자신이 참으로 한심하다는 생각을 수도 없이 했다. 그 고생해서 수집하고 분석했던 자료들이 실제 프레젠테이션에는 거의 사용되지 않았다. 이 방대한 자료들

을 버리지도 못하고 보관하자니 쓸모가 없고…… 왜 이런 현상이 발생했을까? 왜 이렇게 비효율적으로 일을 하였을까? 그것은 바로 프레젠테이션의 맥을 제대로 짚지 못했기 때문이며, 그 맥을 짚지 못했으니 고생은 고생대로 하고 결과는 결과대로 나쁘고…… 정말 한심한 노릇이 아닐 수 없었다.

그러나 "청중 분석이 가장 먼저 선행되어야 한다."라는 사실을 알고 난 이후에는 모든 문제가 그다지 어렵지 않게 풀리게 되었고, 또한 청중 분석이 되지 않으면 그 다음 준비단계 진행이 아예 불가능하다는 것도 알게 되었다. 즉, 청중 분석이란 프레젠터가 원하는 결과를 낳게 하는 필수 불가결한 요소임에 틀림없다. 따라서 어떤 장소이든, 누구를 대상으로 하든, 어떤 주제로 하든 최우선으로 이루어져야 할 일은 바로 '청중 분석'이다. 이런 청중 분석은 바로 프레젠테이션을 '말하는 사람(프레젠터)' 중심이 아닌 '듣는 사람(청중, Audience 또는 Client)' 중심으로 진행하게 하는 토대이며, '꾸준한 연습'과 아울러 프레젠테이션의 2大 핵심사항이다. 그러면 이제 성공적인 프레젠테이션을 위한 준비를 단계별로 살펴보자.

청중 분석

지피지기백전불태(知彼知己百戰不殆), 지피지기백전백승(知彼知己百戰百勝)이라는 말이 있지 않은가. 상대방을 알아야지만 이길 수 있는 법이다. 따라서 청중 분석은 프레젠테이션을 준비할 때 최우선으로 고려해야 할 포인트이며, 이것이 해결되지 않으면 모든 준비단계가 의미 없게 된다. 즉, 이 과정을 제대로 거치지 않는다면 첫 단추부터 잘못 채운 것과 마찬가지다. 때문에 성공적인 결과를 얻기 위해서는 꼭 필요한 과정이며 절대로 간과해서는 안 된다.

그러나 많은 프레젠터들이 자신들의 입장만 생각한 채 '어떻게 하면 좀 더 멋지게 발표할 수 있을까?' 라는 연구만 할 뿐 청중 분석에는 많은 시간을 투자하지 않는 경우가 대부분이다. 그리고는 프레젠테이션에 실패한 후 청중만 탓하곤 한다. 이런 일이 생기지 않게 하기 위해서는 청중과 관련된 제반 요소들을 사전에 주도면밀하게 분석해야 한다. 즉, 프레젠테이션이란 항상 일관되게 전개되어서는 안 되며 상황에 따라 그 전략이 변해야 하는데, 그 첫 번째 기준이 '청중' 이라는 환경에 달려 있다. 그러므로 이를 잘 분석하여 그에 맞춰 준비해야 한다. '대충 알고 가면 어떻게 잘 해결

되겠지.' 라는 생각은 절대로 갖지 않도록 한다.

청중 분석에는 여러 가지 요소가 있으며, 청중의 타입별로도 발표 상황이 달라지므로 이 모든 사항을 사전에 꼼꼼히 잘 조사해야 한다.

지금부터 청중 분석의 주요항목들을 하나씩 살펴보기로 하자.

1. 청중 분석의 주요항목

◎ 청중들은 무엇을 원하며, 무엇을 필요로 하는가?

이것은 프레젠테이션이 알차게 전개될 수 있는지에 대한 여부를 결정하는 청중 분석의 핵심사항이다. 간혹 청중들이 무엇을 진정으로 원하는지는 무시하고 '자신이 발표를 통하여 어떻게 설득시킬 것인가?' 라는 자기중심적 관점에서 벗어나지 못하는 경우를 많이 볼 수 있다. 이는 실패하는 프레젠테이션을 만드는 지름길이다. 즉, 이런 식으로 발표 준비를 하다보면, 발표를 통하여 청중들이 얻고자 하는 바는 충족시켜주지 못한 채 프레젠테이션이 끝나게 되고 청중들은 당황해 할 수밖에 없다. 일례로 청중이 이미 모두 알고 있는 사실을 굳이 오랜 시간을 할애하여 말하는 경우가 있는데, 이는 아까운 시간만 낭비하는 결과를 초래하며 결국 발표를 지겹게 만든다. 왜냐하면 모든 청중들은 프레젠테이션을 통하여 자신들이 알지 못했던 부분에 대해 듣고 싶어하기 때문이다.

특히 경쟁 프레젠테이션에서는 이 점을 주의하여야 한다. 3~4개 광고회사들이 경쟁(Bidding)한다고 가정했을 때, 회사별로 접근하는 전략은 거의 비슷하다고 보아야 하기 때문에 발표순서에 따라 그 구성도 달라져야 한다. 즉, 발표순서가 첫 번째라면 상황(Fact)에 대해서 어느 정도 자세하게 언급해 줄 필요가 있겠으나 세 번째, 혹은 마지막이라면 앞 팀에서 언급했던 내용을 다시 반복할 필요는 없다. 들었던 얘기를 또 반복해서 듣는 일만큼 지겨운 일이 없기 때문이다. 대신 확실한 청중 분석을 통하여 그들이 듣기 원하는 메시지를 핵심적으로 전달해주어야 한다.

◎ 청중들은 발표주제에 대해 얼마나 잘 알고 있는가?

이는 내용의 깊이라든지 수준을 어떻게 할 것인가를 결정하는 문제이다. 듣는 사람들이 주제에 대한 사전 지식이 전혀 없다면 아주 친절하고 자세하게 설명할 수 있도록 구성해야 하며, 반면 주제에 대해 전문적인 지식을 갖고 있다거나 사전에 충분히 공유를 하고 있다면 심도 깊은 준비가 필요하다.

◎ 제안된 주장을 설득시키려면 어떤 부분에 대해 동의를 받아야 하는가?

우리들이 흔히 갖는 안타까움 중 하나가 바로 '왜 청중들은 저렇게도 내 마음을 몰라줄까?', '왜 내 얘기를 잘 못 알아들을까?' 하는 것이다. 그러나 이유는 정말 간단하다. 잘못은 청중이 아닌 바로 프레젠터 자신에게 있다. 프레젠테이션을 준비하다 보면 스스로의 논리에 빠져 객관적인 시각을 잃게 되는 상황이 자주 발생하며, 지연히 자기중심적이 되고 상대방 입장에서 생각해보는 지혜를 갖지 못하게 된다. 따라서 준비를 하는 동안 중간 중간 스스로 끊임없이 객관적인 평가를 해보아야 한다.

청중을 설득시키기 위해서는 먼저 어떤 사항을 언급해서 동의를 받아야 하는지 혹시 내가 수준을 너무 앞서서 준비하고 있지는 않은지 등 단계별 점검이 필요하다.

◎ 청중들은 어떤 스타일의 프레젠테이션을 기대하는가?

이는 청중 자체의 스타일과 직접적인 관련이 있는 점검 사항이다. 흥미로운 프레젠테이션을 원하는지 논리적인 프레젠테이션을 원하는지 등을 사전에 파악해야 한다. 또는 화려한 프레젠테이션을 원하지는 않나? 간단명료한 형식을 선호하지는 않나? 섬세하고 세밀한 보고를 원하지는 않나? 등도 점검되어야 하며, 특정 기업체를 대상으로 발표를 실시한다면 '기업문화'를 먼저 파악한 다음 그에 적합한 형식을 갖추어야 한다. 프레젠테이션 형식에 있어 프레젠터와 청중의 핀트가 서로 맞지 않는다면 내용이 아무리 훌륭해도 '형편없는 프레젠테이션'이라는 혹평을 받을 확률이 매우 높기 때문이다.

◎ 프레젠테이션 결과에 영향을 미치는 요소는 무엇인가?

어떤 프레젠테이션에서는 '흥미'라는 요소가, 또 다른 프레젠테이션에서는 '충실도' 또는 '화려함' 등이 평가의 기준이 될 수 있다. 광고 프레젠테이션에서는 논리성, 크리에이티브, 성실도 등이 중요한 평가의 잣대가 되고 있다. 가끔 있는 일이지만 외주업체 선정에 있어 소위 '관계(Lobby)'가 큰 영향을 미칠 때도 있다. 이런 사항들을 잘 파악하여 프레젠테이션의 구성 및 진행방식 등을 결정하도록 하자.

◎ 참석자 중 최종 의사결정권자가 있는가?

대부분의 프레젠테이션에는 최고 의사결정권자(CEO)가 참석하는 게 일반적이며, 그를 거쳐야만 의사결정이 날 때가 많으므로 최고 의사결정권자가 참석을 한다면 모든 내용이 철저히 그를 중심으로 맞춰져야 한다. 즉, 사전에 그의 프로필 및 관심사, 그리고 취향과 스타일까지 충분히 분석하여 긍정적인 결과를 얻을 수 있는 방향으로 준비하고 실행하는 지혜가 필요하다.

그러나 최고 의사결정권자가 참석을 하지 않는다면 문제는 복잡해지며, '헛수고'를 할 때가 종종 있다. 당연히 참석한 청중 중 최고위직에 있는 사람이 자기가 최종 의사결정을 할 것 같은 뉘앙스를 풍길 수도 있겠으나, 그 말만 믿고 후속단계 일을 진행하다보면 허탈한 경우가 자주 생긴다. 따라서 최고 의사결정권자의 참석 여부는 프레젠테이션을 어디까지 어떻게 준비하느냐를 결정하는 기초적인 잣대가 된다.

◎ 최종 의사결정권자는 아니지만 중요한 영향권자가 있는가?

만약에 중요한 영향권자마저 참석하지 않는다면 차라리 발표 일정을 연기하는 편이 더 나을지 모른다. 프레젠테이션을 듣는 사람이 따로 있고 의사결정권자가 따로 있는 꼴이 되니 얼마나 우스운 일인가? 단지 상부에 보고하기 전, 실무진에서 먼저 대략의 구성

만을 알고 싶다는 의향이 있다고 한다면 약식으로 미팅을 가지는
방법도 있겠다.

◎ 의사 결정 패턴은 어떤가?

우리나라뿐만 아니라 서양에서도 의사 결정 패턴은 대개 비슷하
다고 보면 된다. 광고 대행업체를 선정하든 아니면 광고 전략 및
광고 시안을 결정하든, 결과는 주로 최고 의사결정권자의 의견에
따르기 마련이다. 따라서 이런 의사결정 패턴을 가지고 있는 회사
라면 최고 의사결정권자에 그 초점이 맞추어져야 한다.

반면 다수결에 의한 의사결정 방식이라면, 특정 개인에 대해 초
점을 맞추기보다는 다수가 쉽게 납득할 수 있는 방향으로 그 초점
을 잡아야 한다. 그 외 특정 직급의 인원들이 주축이 되어 그들의
의견에 따라 결정되는 방식이라면, 그에 맞게끔 준비를 해야 하므
로 사전에 이러한 점들이 세심하게 고려되어야 한다.

◎ 프레젠테이션이 끝난 후 그에 따라 즉시 행동할 태세가 되어 있는가?

프레젠테이션이 최고의 반응을 얻으며 성공리에 끝났음에도 불
구하고 광고주 측에서 아무런 결정을 해주지 않는다면, 이보다 더
답답한 일이 있을 수 없다. 따라서 광고주가 단지 참고용만으로

듣길 원하며, 행동은 나중에 취하겠다는 태도를 갖고 있다고 분석되면, 프레젠테이션도 의사결정을 강요하는 강압적인 형식을 가져서는 곤란하다. 이때는 다음번에 신속한 의사결정을 하기 위한 전초전이라고 판단해야 한다.

◎ 청중들의 성향은 보수적인가? 개방적인가?

이는 연령대와 기업문화 등에 많이 기인한다. 임직원의 평균 연령대가 높다거나 금융권, 병원, 학교 및 전통이 있는 기업 등은 보수적인 성향을 많이 띠고 있는 반면 젊은층, 신생 기업, 패션 및 엔터테인먼트 관련기업, 벤처 기업 등은 다소 개방적인 성향을 띠고 있으므로 이에 맞춘 프레젠테이션 형식이 필요하다.

◎ 청중들은 우리 회사(또는 자신)에 대해 어떤 태도를 지니고 있는가?

프레젠테이션 평가요소 중 프레젠터 및 프레젠터가 속한 회사에 대한 선입관 또한 비중 있게 다루어진다. 일례로 프레젠터가 꽤 유명하다면 청중들은 그에 대해 쉽게 신뢰도를 가지게 되며, 자연히 그 프레젠터는 프레젠테이션을 소신 있게 진행할 수 있게 된다. 또한 발표하는 회사가 그 업계의 1위 위치에 있다면, 역시 신뢰도에 있어 긍정적인 반응을 기대해 볼 수 있겠다. 반면 규모가 작은 회사라든지 성공실적을 내지 못한 회사 또는 대외적으로 이미지가 좋지 않은 회사라면, 대개의 청중들은 발표의 충실도와 무관하게 별로 신뢰하지 않으며 제시한 내용에 대한 전문성도 인정하기가 쉽지 않게 된다.

따라서 우리 회사에 대해 그다지 좋지 않은 감정을 가지고 있다고 분석되면, 이를 해소시켜 주는 방법을 강구해야 한다. 예를 들면 "솔직히 우리 회사에 대해 이러이러한 선입관을 가지고 계실지 모르겠으나, 전혀 염려하지 마십시오. 몸을 던져 열심히 일하겠습니다."라는 멘트로 청중을 안심시켜 주는 방법도 있다. 또한 규모가 큰 전문회사는 규모가 작은 클라이언트로 하여금 '분명 우리 일을 성의 있게 봐주지 않을 텐데……' 라는 오해를 갖게 할 수도 있는데, 이는 프레젠테이션 전 또는 후에 반드시 풀어주어야 한다.

◎ 청중들의 업무 배경 · 사회적 배경 · 교육 수준은 어느 정도인가?

이는 같은 내용이라도 구성 및 수준을 어떻게 할 것인가를 결정짓는 기준이 된다. 가벼운 사례를 들어보자. 만약 청중들의 교육 수준이 낮다고 가정하자. 프레젠테이션을 어떻게 해야겠는가? 당연히 아주 쉽게 전문용어 사용을 가급적 자제하면서 기초부터 차근차근 진행해 나가는 방식 외에는 길이 없다. 이들에게 프레젠터의 업종에서만 사용되는 일반적이지 않은 어휘를 계속해서 사용한다면, 듣기는 하겠지만 계속 의문만을 가지면서 시간을 보낼 것이다.

◎ 청중들은 자신들의 어떤 점에 대해 자부심을 갖고 있는가?

기업별로 제품, 기술 또는 브랜드에 대해 나름대로 대단한 자부심을 가지고 있는 경우가 많다. 그럼에도 불구하고 그런 요소들이 타사의 그것들과 비교해서 별반 다를 게 없다는 표현을 사용한다면, 그들로 하여금 연구가 부족했다는 인식을 갖게 하는 꼴이 되며 나아가 그들의 자존심을 건드리는 결과를 초래하게 될 확률이 높다. 따라서 객관적으로 판단할 때 프레젠터 자신의 의견이 옳더라도 그들의 심기를 건드리는 표현은 삼가야 한다.

◎ 청중들은 누구의 의견에 대해 관심이 깊은가?

기업체 실무진들에게 간혹 이런 요구를 받고는 했다. "저희 사장님은 우리들 의견은 절대로 듣지 않으니 제발 와서 이런 얘기를 좀 해주십시오." 그래서 그 회사 사장님께 실무진의 의견을 그대로 보고 드렸더니 아주 괜찮은 아이디어라면서 칭찬을 하신다. 약간은 어처구니가 없다는 생각도 들었지만, 어쨌든 큰 도움이 되었다고 하여 기분은 좋았다. 이렇게 제3자의 의견에 대해서는 굉장히 신뢰를 하지만, 자기 부하의 의견에 대해서는 전혀 신뢰를 갖지 않는 이들이 종종 있다.

또 다른 경우를 살펴보자. 발표를 담당한 프레젠터가 계속해서 주장해도 듣지 않더니, 같이 동행한 대표자가 한 마디 했더니 참 마음에 드는 의견이라고 하는 이들도 있다. 회사 대표자와만 직접 상대를 하겠다는 표시이다. 또한 어느 유명한 사람은 특정인 의견에 대해서는 무조건 선호한다고 소문이 나있다. 만약 그 특정인이 이번 경쟁 프레젠테이션에 참여를 한다면, 다른 회사는 애당초 경쟁에 참여하지 않는 것이 상책이다. 왜냐하면 그 회사에 그가 속해있다는 자체만으로 승부는 이미 끝났기 때문이다.

◎ 혹시 특별한 관습이나 종교 또는 편견 등을 가지고 있지는 않는가?

모회사 사장님은 매우 강한 편견을 가지고 있는데 신문광고 기피증이다. 이유는 "누가 신문 광고를 보느냐?"라는 것이다. 오로지 TV 광고만이 효과가 있다고 판단하는 사람이다. 그런 사람에게 신문 광고의 효율성을 주장하며 계속 외쳐보았자 무슨 소용이 있겠는가? 이렇듯 자기만의 편견을 가진 이들이 적잖이 있다. 이런 상황에 부닥치면 꾸준히 설득하는 방법보다는 그만의 특별한 편견을 먼저 탐색하여 그에 맞춘 준비를 해야 한다.

또한 특정 종교를 기반으로 한 기업도 있다. 그들에게는 그 종교와 관련하여 귀에 거슬리는 표현을 사용해서는 안 되며, 사례를 들 때도 타 종교와 관련된 내용 등은 인용하지 않도록 하자.

◎ 청중들은 우리와 어떤 아이디어 · 감정 · 경험을 공유하고 있는가?

우리 모두가 자라온 환경이 다르듯이 발표자와 청중 간에 공유하는 요소 및 그 수준도 다를 수밖에 없다. 예를 들어 특정 브랜드의 성공을 놓고 말할 때 제품이 훌륭해서 또는 광고를 잘해서 아니면 출시시기를 잘 맞추어서 등의 여러 가지 평가가 있을 수 있다. 이에 대해 프레젠터가 자신 있는 해답을 가지고 있거나 논리적으로 잘 설명하여 의견을 통일시킬 수 있다면 문제가 안 되겠지만, 그렇지 않다면 그 브랜드의 성공 이유에 대해 논쟁이 일어날 확률이 높다. 따라서 청중과 공유하고 있는 부분을 어느 정도는 파악해야 한다.

◎ 언급해서는 안 될 토픽이나 단어가 있지는 않는가?

큰 문제로 야기될 수도 있는 부분이니 상당히 주의해야 한다. 그 회사의 아픈 과거라든지 밝히기 곤란한 이슈를 언급해서는 안 되며, 경쟁사의 성공에 대해서는 그 이유를 정확하게 파악한 후 전달해야 한다. 모든 기업이 경쟁사의 성공 또는 자사를 추월했다는 사실이 그렇게 달갑지만은 않을 것이기 때문이다. 또한 숨기고 싶어 하는 점들을 굳이 언급해서 프레젠터 자신의 이미지를 나쁘게 할 필요는 없다.

지금까지 청중 분석의 주요항목들을 자세히 살펴보았다. 그러면, 이제 청중 분석의 또 다른 차원인 청중의 유형별 특성과 발표 시간대별 청중의 특성에 대해 살펴보도록 하자.

2. 청중 유형별 분석

청중이 소수일 때와 다수일 때

5명 이내의 소수 인원 앞에서 발표할 때가 있고, 50명 이상의 다수 앞에서 발표할 때도 있을 것이다. 이렇게 참석자 수가 다르면 환경 및 분위기 등 여러 사항도 달라지게 마련이다. 그렇기 때문에 항상 똑같은 방식으로 프레젠테이션을 해서는 곤란하다. 각각의 특징은 다음과 같다.

▧ 청중이 소수일 때

공간이 작고 인원수도 적기 때문에 청중이 프레젠터에게 쉽게 집중한다는 장점이 있으며, 프레젠테이션 연출에 있어서도 다수일 때보다 상대적으로 비교적 신경을 덜 써도 된다. 그러나 내용에 관한 충분한 전달과 심도 있는 구성을 필요로 한다. 또한 피드백이 빠르고 정확하기 때문에 분명한 성과 측정을 기대할 수 있고, 다양한 기자재 및 보조 자료의 활용이 가능하다는 장점도 있으나, 몇 안 되는 참석자들이 모두 프레젠터를 바라보고 있기 때문에 긴장감이 고조될 우려가 있다.

고려해야 할 점은 핵심인물에 대한 정확한 파악이 이루어져야 한다는 것이다. 또한 참석자들이 사전지식을 충분히 갖고 듣기 때문에 수준 높은 질문이 많이 나올 수 있으니, 그에 따른 철저한 준비를 해야만 한다.

※ 청중이 다수일 때

청중이 다수라는 말은 곧 자리가 공식적이라는 뜻이며, 또 그만큼 프레젠테이션 하기가 어렵다는 의미와도 통한다. 대규모의 장소와 많은 참석자들은 프레젠터에게 큰 부담감으로 작용한다.

작은 실수 하나가 큰 문제로 확대되는 일도 가끔 있으므로, 지나치다 싶을 정도로 꼼꼼하게 준비해야만 원하는 목표를 달성할 수 있게 된다. 특히 기자재 및 시스템 부분에 있어 조그만 문제만 생기더라도 발표 전체를 망칠 수 있기 때문에 사전에 확실한 점검을 거쳐야 한다.

자칫하면 분위기가 산만해질 수 있으며, 청중을 프레젠터에게 집중시키기 어렵다는 단점도 있다. 그리고 발표장 상황 때문에 다양한 시청각 자료를 사용하기도 힘들다. 반면 프레젠테이션이 성공적으로 끝난다면 큰 호응을 얻는다는 장점이 있다. 발표 중 다

양한 바디랭귀지(Body language)의 사용이 필요하며, 특히 무대를 잘 활용할 수 있어야 한다.

따라서 참석자의 수에 따른 사전 준비가 각기 달라야 하며, 특히 세미나 등 100명 이상의 인원이 모이는 대강당에서의 프레젠테이션은 효율적인 발표원고 작성 및 청중을 집중시킬 수 있는 다양한 스킬 등을 충분히 강구해야만 성공적인 결과를 기대할 수 있다.

청중이 전문가 위주이거나 일반인 위주일 때

여러 성격으로 구성되어 있는 청중이라면 그들 개개인의 수준은 다를 수밖에 없기 때문에 발표하기가 쉽지는 않다. 발표에 대해 충분히 이해하는 사람들도 있을 것이고, 전혀 이해하지 못하는 청중들도 있을 수 있다. 그러므로 자연히 듣는 사람 모두를 설득시킨다는 일은 불가능하다. 따라서 이런 경우에는 될 수 있으면 많은 사람들에게 쉽게 접근할 수 있도록 준비하는 것이 좋다.

그러나 청중이 특정 집단이라면 얘기는 달라진다. 기업체의 광고, 마케팅, 홍보 담당 관련자들을 대상으로 하는 프레젠테이션과 40~50대 주부들을 대상으로 하는 프레젠테이션이 똑같은 수준으로 구성된다면 어떻게 되겠는가? 동일 주제임에도 불구하고 그들의 수준에 따라 내용의 난이도 및 발표방식이 당연히 달라야 하며, 그들의 눈높이에 맞춘 전개가 필요하다.

※ 전문가 위주의 청중일 때

이 경우 관건은 프레젠터가 청중에게 어느 정도 신뢰감을 제공하느냐이다. 전문가들은 발표주제에 대해 상당한 수준과 해박한 지식을 갖추고 있기 때문에 작은 실수라도 금방 드러나게 되므로 완벽하게 준비를 해야 한다. 전문용어 사용과 함께 충분한 관련 자료가 필요하며, 자기주장과 반대되는 의견에 대한 대비도 필수적이다.

"이 점에 대해서는 여러분이 더 잘 아시겠지만"이라는 표현은 프레젠터 자신보다 청중이 더 많이 알고 있는 듯한 인상을 주므로, 간혹 사용하면 유대감을 쉽게 형성할 수 있다.

※ 청중이 일반인 위주일 때

발표주제에 대해 먼저 자세히 짚어주어야 하며 내용전개도 쉽게 풀어나가야 한다. 또한 사례를 많이 들어주는 게 빠르고 쉽게 이해하게 하는 지름길이다.

주의할 점은 전문용어를 자주 사용하면 그들을 지루하게 만들고, 지적 열등감이나 소외감과 함께 무관심을 야기할 수 있으므로 가급적 피해야 한다. 부득이하게 전문용어를 사용해야 한다면 쉽고 자세하게 해설을 해주는 배려가 필요하다.

청중이 여성 위주나 남성 위주일 때

성별 특성은 특히 군중 속에서 더 잘 나타난다고 보면 된다. 남성들은 발표를 들으면서 나름대로의 생각을 많이 하는 게 특징이다. 그에 비해 여성들은 남성에 비해 상대적으로 긍정적이면서도 수용적인 태도를 가지고 있다.

※ 청중이 여성 위주일 때

여성은 남성에 비해 웃음이 많으므로 비교적 가벼운 마음을 가지고 임할 수 있으나, 특별히 주의해야 할 점도 있다. 성차별 표현은 반드시 삼가야 하며, 특히 여성 한 개인을 지목하여 칭찬한다거나 반대로 모욕적인 표현을 하는 일은 절대 있어서는 안 된다. 그리고 외모에 대한 언급은 듣기 좋은 말이든 아니든, 본인 또는 타 청중에게 오해를 불러일으킬 수 있으므로 하지 말아야 한다.

※ 청중이 남성 위주일 때

현실적인 부분, 전략적인 부분, 그리고 그들의 관심사에 대한 언급이 필요하며 상당히 논리적으로 접근해야 한다. 그리고 여성에 비해 웃음에 인색하므로 웃음을 많이 기대하지는 않는 게 좋다. 또한 주위의 반응을 보고 판단하므로 여성에 비해서 반응이 느리다.

남성 또는 여성 위주의 구성은 각기 장단점이 있지만, 일반적으로 여성 위주로 구성되어 있을 때가 상대적으로 낫다고 보면 되겠다.

청중이 고연령층 위주 또는 저연령층 위주일 때

전통적인 기업형태 중심에서 벤처 기업 등이 지속적으로 신설되고, 이에 따라 젊은 경영진이 많이 등장하고 있다. 연령대별로 각기 어떤 특성들을 가지고 있을까?

※ 청중이 고연령층 위주일 때

대기업이라면 참석자 중 많은 분들이 고연령층으로 구성되어 있을 것이며, 각별히 신경을 써야 한다. 그리고 조금은 형식적이고 전형적인 발표 형식이 필요하다.

주의할 점은 대개 나이나 지위가 있으므로 유행어라든지 유머 등은 삼가야 한다. 유행어는 접해보지 못했을 확률이 높고, 최근에 나온 유머는 언급해도 거의 이해하지 못한다.

또한 프레젠터를 끝없이 평가하며 메시지 또는 구성이라든지 형식이 마음에 들지 않는다고 판단되면 무관심 내지는 악평이 나올 수 있음을 염두에 두어야 한다. 그들에게는 언제나 공손하고 예의 바른 태도가 필요하지만, 너무 딱딱한 진행은 피하도록 하자.

※ 청중이 젊은층 위주일 때

요즈음에는 20~30대 중심의 젊은층이 주류를 이루고 있는 기업들도 빠른 속도로 증가하고 있다. 이들은 비교적 열심히 경청한다는 특징이 있으나, 감각적이고 냉철한 면을 가진 연령대이다. 또한 자신의 의견을 확실히 표현하므로 비교적 질문이 많은 편이다.

이 때 중요한 관건은 그들과 벽을 쌓지 않아야 한다는 것이다. 공감할 수 있는 유머나 주제에 대한 언급이 필요하며, 약간의 자극적인 표현도 허락된다. 때에 따라서는 그러한 접근이 일부러 필요할 경우도 있다.

청중이 프레젠터와 동일 · 유사 분야 위주이거나 타 분야 위주일 때

광고 대행사에 근무하는 프레젠터가 클라이언트의 마케팅 또는 홍보 업무 종사자들을 대상으로 하여 광고를 주제로 한 프레젠테이션을 실시한다면, 이는 동일 · 유사 분야에 속한다고 보면 된다. 왜냐하면 그 업무를 협력관계 입장에서 계속 진행해왔기 때문이다.

그러나 광고를 잘 모르는 연구소 근무자들을 대상으로 실시한다면, 이는 엄격히 타 분야에 종사하는 이들을 대상으로 하는 자리이다.

※ 프레젠터와 동일 · 유사 분야 위주의 청중일 때

발표주제에 대해 깊은 지식을 갖고 있으므로 치밀하고 확실한 준비가 필요하다. 그리고 유대감 형성을 위하여 가끔 '여러분도 잘 아시겠지만'이라는 표현을 사용한다면 괜찮은 결과를 기대해도 좋을 법하다. 청중 자신들이 이 분야에서는 스스로가 어느 정도 '전문가'라고 여기기 때문에 조심스러운 접근이 필요하며, 질문에 대한 자신 있는 답변 준비도 반드시 필요하다.

※ 프레젠터와 다른 분야 위주의 청중일 때

아주 기본적인 사항에 대해서도 친절하고 자세하게 설명하여 그들이 쉽게 이해할 수 있도록 해야 한다. 그리고 업종의 전문용어나 특수용어 등은 가급적 사용하지 않아야 한다. 꼭 사용해야 한다면 부연설명이 반드시 필요하다. 그리고 발표내용 중 영문 이니셜이 포함되어 있을 경우 그들도 업무상 사용하고 있는 같은 영문 이니셜이라면, 발표자가 의도한 의미와 그들이 일반적으로 알고 있는 의미가 전혀 다를 수 있으므로 이니셜을 풀어서 설명한다.

청중이 호의적일 경우와 비호의적일 때

대개의 참석자들이 호의적이고 긍정적인 태도를 갖고 발표를 듣지만, 모든 청중들이 발표 자체에 대해 또는 프레젠터에 대해 호의적인 태도를 가지고 있는 것만은 아니다. 발표주제에 대해 관심이 깊은 이들이 있는 반면, 강요에 의해 참석을 한다든지 바쁜 일을 못하면서까지 참석하는 이들도 꽤 있다. 또한 프레젠터나 프레젠터가 속한 회사에 대해 기본적으로 우호적이지 않은 감정을 가지고 있는 참석자들도 있을 수 있다. 역시 각각의 상황에 맞게 적절한 준비를 하여야 한다.

※ 청중이 호의적일 때

청중의 대부분이 기본적으로 자의에 의해 참석하는 경우가 많으며, 프레젠터 또는 그 회사에 대해 긍정적인 이미지를 갖고 있다. 그러나 프레젠테이션에 대해 매우 큰 기대를 하고 있으므로 준비 또한 철저히 해야 한다.

호의적인 태도에 대한 감사의 표현은 발표가 끝날 때까지 그러한 태도를 지속시키는 노하우이기도 하다.

※ 청중이 비호의적일 때

자의로 참석한 게 아니라 타의에 의해 참석했다면, 프레젠터 또는 그 회사에 대해 긍정적인 이미지를 갖기가 힘들다. 발표 자체에 대해 별 기대를 하지 않는다거나 관심이 없을 수도 있으며, 심하면 말꼬투리를 잡거나 가끔 발표자의 주장에 대해 무조건 반박하려고도 한다. 이런 청중들을 대상으로 발표할 경우에는 그들과의 연결고리를 만드는 작업이 무엇보다 중요하다. 또한 너무 강한 주장은 금물이므로 밀어붙이는 방식은 가급적 삼가야 한다. 청중의 딱딱함에는 부드러움으로 대하자.

이상 청중 분석의 여러 요소들에 대해 살펴보았다. 그리고 청중 분석의 방법으로 3P 기법을 많이 사용하는데, 이는 People(청중의 특성), Purpose(프레젠테이션 목표), Place(발표 장소 : 크기, 음향·조명·전기 설비, 책상 배치, 기자재 등)를 말한다. 이러한 3P는 프레젠테이션을 진행함에 있어 가장 중요한 요소들이므로 반드시 이에 대한 분석과 준비를 철저히 하도록 하자.

그리고 또 하나 간과해서는 안 될 사항은 프레젠테이션이란 초보 수준에 있는 이들에게 전문적인 내용을 인식시키는 과정 중의 하나임을 잊지 말아야 한다. 프레젠터들이 겪는 큰 실수 중 하나가 바로 듣는 사람의 수준을 자신과 같다거나 그 이상으로 본다는 착각이다. 그들은 전문가가 아니며, 그렇기 때문에 해당 분야의 전문가를 초대한 것이다. 즉, 청중에게 너무 많은 것을 요구하지 말아야 한다. 너무 많이 이해해달라고 하지도 말 것이며, 본인 기준으로 볼 때 아주 기본적인 사항이라 하더라도 청중이 상식으로 받아들여주길 요구하지 말라. 그들이 잘 모른다고 탓하지도 말라. 잘 모르기 때문에, 조언을 듣기 위해 전문가인 당신에게 프레젠테이션을 부탁했다는 사실을 항상 염두에 두어야 한다.

3. 프레젠테이션 시간대별 청중 분석

발표시간대 또한 간과해서는 안 될 중요한 고려사항이다. 청중들도 사람인만큼 시간대별로 피로도의 차이가 있으며, 이에 따른 각각의 적절한 방식을 취해야 한다.

07:00 ~ 09:00

- 아직 잠이 덜 깬 상태이거나 프레젠테이션을 받아들일 만한 준비가 되어 있지 않은 이른 아침 시간대이므로, 관심을 사기 위한 강한 도입부가 필요하다.

- 관심을 집중시키기 위해서 반드시 청중과 눈 맞추기(Eye contact)에 신경 써야 한다.
- 유머 사용은 가급적 자제하도록 하자.
- 조찬을 겸하는 자리에서는 식사 때문에 분위기가 흐트러질 우려가 있으므로, 전체 흐름에 대한 스케줄을 잘 짜야 한다.

09:00 ~ 11:00

- 맑은 정신 상태를 유지하는 상황이므로 집중력이 높고 발표하기에 가장 적당한 시간이다.
- 필요한 경우가 아니라면 점심식사 시간이 시작되기 전에 끝내도록 하자. 식사시간이 지나서까지도 발표가 계속된다면, 여러 가지 이유로 불편해하는 이들이 생기게 된다.

14:00 ~ 16:00

- 점심 식사 후 졸리는 시간대이므로 가급적 발표시간으로 잡지 않아야 한다.
- 분위기 자체가 가라앉을 수 있으므로, 목소리를 약간 크게 한다든지 가벼운 유머를 사용하는 방법도 효과적이다.
- 지겨운 부분은 과감히 삭제하고 압축된 구성으로 전개해야 한다.

🌙 16:00 ~ 18:00

· 피로가 쌓이는 시간대이므로 생동감 넘치는 진행이 꼭 필요하다.
· 가급적이면 퇴근 시간 이전에 끝내도록 해야 하며, 퇴근 시간
  이 지나서까지 계속해야 한다면 중간에 반드시 양해를 구해야
  한다. 그리고 만약 그날 저녁에 중요한 운동 경기가 중계된다
  면 꼭 그러한 점을 감안해야 하며, 되도록 그 날짜는 피하는
  것이 좋다.

🌙 19:00 ~ 21:00

· 프레젠터와 듣는 사람 모두가 지쳐 있고 피로를 많이 느끼는
  시간이므로, 할당 받은 시간을 꼭 채우지 않아도 되며 가급적
  짧은 시간 내에 마치는 것이 좋다.
· 가능하면 발표시간으로 잡지 않아야 한다.

  이렇게 시간대별로 청중의 상태는 다르므로, 여러 요소를 고려
하며 그에 적합한 준비와 대응을 해야 한다. 또한 시간대뿐만 아니
라 요일 선택도 중요한데, 프레젠터에게 요일의 선택권이 주어진
다면 화, 수, 목요일 중 하루를 잡도록 하자. 그 이유는 월요일은
한 주를 시작하는 날이므로 심적인 부담감으로 인해 프레젠테이션
자체에 대해 깊게 관여한다는 게 어렵기 때문이다. 금요일은 주말

을 앞두고 있어 마음이 흐트러져 집중하기가 어려울 것이다. 여행 계획이 있다든지 하여 저녁에 여행지로 출발해야 되는 일이 생길 수도 있으므로 마음이 들떠 역시 깊은 집중을 하기가 어렵다.

따라서 요일은 화, 수, 목요일 그리고 시간대는 오전 시간대로 잡는 게 좋으며, 불가피하다면 그에 따른 적절한 대응 방안을 강구하여야만 한다.

2단계 프레젠테이션 목적과 목표 설정

청중 분석이 끝난 다음 해야 할 두 번째 준비단계는 바로 프레젠테이션의 목적과 목표를 설정하는 일이다. 많은 프레젠터들이 준비를 완벽히 끝내놓고 나서도 불안감이 사라지지 않는 이유는 바로 목적과 목표에 대한 확신감이 없기 때문이다.

또한 생애 최고의 프레젠테이션을 했음에도 불구하고 청중들의 시큰둥한 반응을 보고 당황해하는 일이 종종 있는데, 이것은 목적이나 목표를 제대로 잡지 못했기 때문이다. 그리고 찬사와 박수를 받으며 발표를 끝냈지만 아무런 결과도 이끌어내지 못했다면, 이 또한 청중이 프레젠테이션을 듣는 목적이나 목표가 프레젠터가 잡은 목적과 목표와 일치하지 않았기 때문이다.

필자 역시 광고 대행사에 근무하면서 프레젠테이션이 끝난 후 클라이언트를 미워한 적이 종종 있었다. 그것은 아주 기초적인 사항인 프레젠테이션의 목적과 목표설정을 제대로 못해서 생긴 결과였다. 따라서 준비의 1단계인 청중 분석을 토대로 하여 목적과 목표를 정확하게 설정해야만 프레젠테이션을 성공적으로 끝낼 수 있고, 그에 따라 원하는 결과도 얻게 된다는 것을 항상 염두에 두도록 하자.

그리고 목표설정을 제대로 한다면 준비함에 있어 기초를 확실히 다질 수 있게 된다. 또한 진취적으로 준비 작업에 착수할 수 있게 되며, 청중으로부터 어떤 반응을 원하는지도 확실해진다. 게다가 그들을 어느 방향으로 이끌어 가야할지가 분명해지며, 강조해야 할 점도 명확해진다.

그러면 프레젠테이션 목적과 목표설정에 대한 구체적인 사항을 살펴보도록 하자.

1. 개요

◎ '발표자가 프레젠테이션을 하는 이유(이 자리를 갖게 된 이유)'가 바로 목적이며, '이 프레젠테이션을 통하여 무엇을 알리고, 그 결과 무엇을 얻을 것인가?'가 목표여야 한다.

청중의 입장에서 본다면 '프레젠테이션에 참석한 이유'가 목적이며, 역시 '무엇을 얻을 것인가?'가 목표가 된다. 발표 시작 전 프레젠터는 목적과 목표에 대해 명백히 언급해야 한다.

◎ 청중과 프레젠터 상호 간 목적과 목표의 일치는 완벽한 청중 분석이 이루어졌을 때만 가능하다.

첫 번째 단계인 청중 분석이 제대로 되어 있지 못한 상황에서는 목적과 목표를 절대로 세울 수 없다. 그리고 프레젠터가 목적이나 목표를 제대로 파악하지 못했다면, 청중은 두말할 필요도 없다. 또한 프레젠터가 분명한 목표 없이 발표한다면 내용이 우왕좌왕해질 가능성이 높다. 상호간 목적과 목표가 일치하지 않았다면 발표가 끝난 후 "이제 무엇을 어떻게 하자는 겁니까?", "아니, 이 자리가 정확히 무엇을 하자는 자리입니까?"라는 난감한 질문을 받게 된다. 그러나 청중이 목적이나 목표를 듣고 고개를 끄덕인다면 상호간 일치가 이루어졌다고 보면 된다.

◎ 목표를 세울 때는 청중의 이익도 반드시 생각하자.

프레젠터의 입장과 이익만을 위한 목표는 세우지 않는다. 청중이 생각하고 있는 목표와 일치할 수 있는 공유 공간을 찾고, 그들에게 이익이 돌아갈 수 있는 목표를 세워야 한다. 따라서 발표자는 핵심적인 부분에서 '청중의 이익을 배려하고 있다.'라는 느낌을 주어야만 한다. 모든 청중들은 자신이 가지지 못한 것을 얻기 위해 프레젠테이션에 참석을 한 것이고, 자신이 이익을 얻었다고 판단될 때만 어떠한 행동을 취하기 때문이다.

그리고 청중들이 무엇인가를 얻을 수 있다는 차원을 넘어서, 그들의 이익을 실현시키기 위해서는 어떻게 해야 할지 구체적인 실천방법과 과정을 제시하는 것도 반드시 필요하다.

2. 목적 및 목표의 몇 가지 예

목적과 목표는 발표주제의 핵심에 의거하여 정해져야 하므로 경우마다 각기 다를 수밖에 없다. 여기서는 몇 가지 예만 살펴보기로 하자.

예1 30분간의 프레젠테이션을 통하여 우리가 제시한 3개의 광고 시안 중 하나를 선택하도록 하겠다.

예2 지난 번 제시한 3개의 광고시안에 대한 소비자 조사 결과를 보고하고, 그를 바탕으로 최종안을 결정하도록 하겠다.

예3 이번 프레젠테이션은 최종 의사결정권자의 결심을 얻어내기 전, 관련 실무자와 합의를 도출하는 자리로 삼겠다.

예4 광고 매체 집행을 TV 중심에서 신문 위주로 바꾸겠다.

예5 경쟁(Bidding)에 참여한 타 업체에서 제시할 수 있는 전략과는 전혀 다른 각도에서 접근하여 본 프로젝트를 수주한다.

이렇게 목적이나 목표가 분명하면 프레젠테이션을 준비하는 데 있어 무엇을 중시해야 하고 어떻게 구성해야 할지가 대충 머릿속에 떠오르리라고 본다.

3단계 자료 및 정보 수집과 분석

 '자료 및 정보 수집과 분석'은 '프레젠테이션 전략'을 전개하는 데 있어 결정적인 역할을 한다. '자료 및 정보 수집'은 쉬운 일처럼 보이지만 어떻게 보면 가장 어려운 일이기도 하다. 어디를 보든지 관련된 자료가 지천으로 널려 있으며 구하려고 마음만 먹으면 얼마든지 구할 수 있는 게 자료이지만, 정작 필요한 자료를 구하려고 하다 보면 예기치 않은 어려움에 자주 부닥친다. 특히 효율적으로 설득하기 위해서는 전략 전개에 도움이 되는 충분한 자료가 필요하다. 상황에 따라서는 간단한 정보 하나가 프레젠테이션의 핵심을 통과시키느냐 마느냐를 결정하는 키포인트(Key point)가 되기도 한다.

따라서 프레젠테이션 전략을 전개해나가는 데 있어 자료 및 정보 수집과 분석은 대단히 세심하게 이루어져야 하며, 전략을 풀어나가는 데 있어 직접적으로 도움이 되게끔 해야 한다. '단지 수집을 위한 수집'에 그쳐서는 절대 안 된다.

1. 좋은 자료란?(자료 수집의 Guideline)

◎ 청중의 몸에 딱 맞는 자료

청중마다 요구하는 자료의 종류나 수준이 모두 다름은 당연한
일이다. 따라서 어떤 성격의 자료를 원하는지, 그들이 이미 알고
있는 부분은 무엇인지 또는 어떤 자료에 관심이 깊은지 등을 사전
에 면밀히 파악한다. 꼭 알고 싶어 하는 자료를 중심으로 한 수집
및 분석이 되어야 한다.

◎ 남들이 쉽게 구할 수 없는 자료

누구든지 쉽게 구할 수 있는 자료라면 청중이 이미 알고 있을 확
률이 높다. 따라서 '남들이 쉽게 구하는 자료를 좀 더 많이 확보한
다.' 라는 자세보다는 '남들이 구할 수 없는 자료를 중심으로 수집
한다.' 라는 자세로 준비해 간다면 좋은 결과가 있을 것이다.

◎ 발로 뛰어서 얻는 자료

요즈음은 인터넷을 통하여 수많은 정보와 자료를 책상 위에서
손쉽게 구하곤 한다. 그러나 이런 Secondary data보다는 관련자
들을 만나 직접 듣는 얘기 등 따끈따끈한 자료가 큰 도움이 되므

로 좀 힘들더라도 뛰어다니면서 구하는 습관을 기르도록 하자.

◎ 구하기 귀찮은 자료

회의를 하다보면 정말 기가 막힌 자료를 들고 나와서 입이 딱 벌어지게 하는 동료를 보았을 것이다. 그러나 그 사람이라고 뭐 별 뾰족한 수가 있었겠는가? 남들이 귀찮아 할 때 수단과 방법을 가리지 않고 어렵게 자료를 구한 결과이다. 도움이 될 줄 뻔히 알면서 구하기 귀찮다고 해서 그냥 넘어가면 분명 후회하는 시간이 온다. 때늦은 후회는 아무 쓸모가 없다.

◎ 기존의 기획서에 없는 자료

프레젠테이션을 준비하다보면 유사 업종의 기획서를 가끔 참고하게 된다. 그러다보면 기대하지도 않았던 자료가 발견되고 너무나도 쉽게 구한 자료이기 때문에 '이 자료는 꼭 필요하겠지?' 라는 착각을 하게 된다.

그러나 나중에 기획서를 작성할 때는 고민을 하게 된다. 버리자니 아깝고 사용하자니 적당한 곳이 없고……. 바로 '식자우환'의 꼴을 당하게 된 것이다. 참고한 자료는 바로 그 기획서에서는 많은 도움이 되었을지 몰라도 자신의 기획서에서는 무용지물이 될 확률이 높다. 이런 점을 염두에 두고 공짜라고 무조건 자료를 인용하는 습관은 갖지 않도록 하자.

◎ 경쟁사와 관련된 자료

이는 클라이언트의 경쟁사 또는 경쟁 브랜드와 관련된 자료들을 말하는 것으로, 특히 마케팅 관련 프레젠테이션을 할 때 그 위력을 발휘한다. 광고 프레젠테이션 경험을 돌이켜보았을 때 경쟁사의 활동에 관한 질문을 받고서 쩔쩔맨 기억이 나며, 이를 교훈 삼아 경쟁사와 관련된 자료를 어렵게 구해서 보고했을 때의 좋은 기억도 많이 가지고 있다. 청중들은 특히 외부인들이 그러한 자료를 제시했을 때 더욱 큰 신뢰감을 갖는다.

2. 자료 및 정보 수집과 분석에 있어서의 고려사항

◎ 분석된 모든 자료는 그 자체를 보여주는 데 그쳐서는 안 되며, 주장의 근거(Rationale)로 사용되어야 한다.

자료는 그 효용가치가 있을 때만 의미가 있으며, 흥미를 제공하지 못한다면 별로 쓸모가 없다. 따라서 어떤 주장을 할 때 자료는 그 주장을 뒷받침하는 역할을 해주어야 하며, 필요한 위치에 필요한 자료를 정확하게 제시하는 기술이 반드시 필요하다.

◎ '자신이 입수한 자료'와 '자신의 머릿속에 있는 자료', 그리고 '보여줄 자료'를 구분하자.

전략 설정을 위해 엄청나게 많은 자료를 수집하지만 모든 자료를 다 보여주지는 못한다. 수집한 자료와 보여줄 자료, 그리고 보여주지는 않더라도 발표에 도움이 되기 위해 또는 질문에 대답하기 위해 잊지 않고 머릿속에 담아두어야 할 자료가 있다. 이 세 가지를 잘 구분하여 정리하도록 하자.

◎ 사례(Case study), 교훈(Lesson) 등은 설득력을 더해주고 주장을 강하게 해주는 훌륭한 무기이다.

아무리 훌륭한 전략을 가지고 힘 있게 주장하더라도 청중들이 '그거야 모두 당신 개인 생각이지.'라고 생각하며 좀처럼 신뢰하지 않을 때가 가끔 있는데, 이때는 "저의 주장에는 분명한 근거가 있습니다."라는 표현을 암시적으로 하기 위해 국내외 관련 사례를 들어주면 효과적이다. 그래야만 듣는 사람들도 '음, 저 사례에서도 저렇게 되었으니, 우리도 한 번 믿어보지.'라는 생각을 갖게 된다. 초보 수준에 있는 청중들일수록, 일반인일수록 이런 부분을 세심하게 고려하여 구성하도록 하자.

◎ 모든 자료는 출처, 시기 등을 함께 준비해야 한다.

모든 자료는 반드시 객관적이고 사실이 입증된 자료여야 한다. 왜냐하면 자료의 생명은 바로 '신뢰'이기 때문이다. 대개 청중들은 출처가 동반되지 않은 자료에 대해서는 출처에 대해 궁금해 한다. 그래서 "도대체 그 자료는 어디서 나왔습니까?"라는 질문을 할 때도 있다. 특히 자료에 관해서는 출처를 꼼꼼히 챙기기 때문에 반드시 삽입해야 하며, 자료원의 시점은 반드시 최근 것이어야 한다. 요즈음 같이 시장 트렌드가 급격히 변해 가고 있는 상황에서 몇 년 전 자료를 보여준다면, 다른 부분까지도 신뢰도를 떨어뜨리는 결과를 초래하기 때문이다. 또한 통계자료를 인용할 때는 특히 신경을 써야 하는데, 시장점유율 등 수치화된 통계자료는 꼭 확인을 잘 하고 제시하도록 하자. 그리고 소비자 조사 자료를 보여 줄 때에는 조사 대상 인원수에 대한 정당성 등도 밝혀주는 것이 좋다.

◎ 발표주제와 관련된 기사나 정보에 대해서는 언제 어디서든지 항상 눈과 귀를 기울이자.

자신의 관심사와 관련된 자료들은 눈에 쉽게 잘 들어온다. 그리

 고 습관적으로 자료를 수집하는 사람들은 이를 모아서 자료 파일을 만들기도 한다.

발표주제와 연관된 자료를 발견하면 그 출처가 어디이건 상관없이 눈에 들어와야 하며, 옆에서 누군가가 주제와 관련된 얘기를 한다면 매우 작은 소리라도 귀에 들어와야 한다. 즉, 그만큼 매사에 관심을 갖고 약간은 피곤하게 살아야 한다. 결론적으로 발표주제와는 언제나 친구가 되어 있어야 하며, 사랑하는 연인이 꿈에 자주 나타나듯이 주제와 관련된 꿈을 꿀 정도로 열정을 가져야 한다.

◎ 항상 메모해 두는 습관을 기르자.

'인간은 망각의 동물'이라는 말이 있듯이 우리는 기억하는 것보다 잊어버리는 게 더 많다. 따라서 발표주제와 관련된 정보라든지 느낌, 아이디어 등은 발표 시 사용 여부와 관계없이 보는 즉시 듣는 즉시 메모해 두도록 하자. 메모지든 수첩이든 아니면 신문이든 가리지 않고 즉시 메모를 해 두어야 하며, 정기적으로 파일에 저장하도록 한다. 후에 그러한 메모들이 얼마나 큰 도움이 되었는지는 한 번이라도 경험해 본 사람이라면 누구든지 그 가치를 부정하지 않을 것이다.

프레젠테이션 구성

자료 및 정보 수집 분석단계가 끝나면 이제 준비의 4단계인 프레 젠테이션 구성을 연구해보아야 한다. 구성이란 바로 내용을 구조화 시키는 것이다. 즉, 아무리 훌륭한 아이디어를 구상하였다 하더라 도 제대로 전달하기 위해서는 구조화가 필요하다. 프레젠테이션 구 성을 잘하면 프레젠테이션 진행을 쉽게 할 수 있고, 결과적으로 내 용을 정해진 시간 내에 효율적으로 강하게 설득할 수 있게 해 준다.

구성에는 다음과 같은 내용이 포함된다.

- 무슨 메시지를 전달할 것인가?
- 어떤 점을 강조해서 말할 것인가?
- 클라이맥스(Climax)는 언제 어떻게 처리할 것인가?
- 오프닝은 어떻게 시작하며, 결론부는 어떻게 처리할 것인가?
- 어떤 사례를 사용할 것인가?
- 참고자료는 언제 어떻게 제시할 것인가?

이 단계는 발표순서(목차) 및 전반적인 구성을 설정하는 단계이며, 시나리오를 만드는 과정이라고 보면 되겠다. 광고 대행사 등에서 프레젠테이션 준비에 관한 회의를 하는 것을 보면 이런 구성에 관한 문제들로 심각하게 토론하는 장면들을 자주 접하게 된다. 그만큼 구성이라는 것은 발표에 있어 중요한 역할을 차지하고 있다.

구성방법에는 여러 가지가 있지만 가장 많이 사용하는 방법은 인사말-도입부-본론부-결론부로 구성되는 방식이다. 기본 구성이 쉽기 때문에 알기 쉽고 설명도 쉽게 진행할 수 있다. 그렇지만 발표자 개개인에 따라 또는 발표주제에 따라 효율적인 구성방법이 있을 수 있으므로, 이 방식을 꼭 지킬 필요는 없다.

그러면 프레젠테이션 구성의 세부적인 사항들을 살펴보기로 하자.

1. 도입부

도입부는 프레젠테이션의 성공 여부를 결정하는 부분이며, 청중으로부터 신뢰를 얻어냄과 동시에 호감을 유발하고 관심을 집중시키기는 역할을 한다. 시작 후 30초에서 2분 이내에 청중의 주의를 끌지 못하면 남은 발표는 실패라고 보아도 좋을 만큼 도입부는 중요하다.

도입부에서는 청중의 요구사항이나 고민거리, 가려운 곳 등을 정확히 파악한 결과가 언급되어야 한다. 청중의 요구사항은 바로 프로젝트가 발생한 배경과도 같으며 그들의 고민거리라든지 풀어야 할 숙제에서 출발한 것이다. 이러한 언급을 해줌으로써 발표 자체에 대한 관심을 높일 수가 있으며, 발표에 대한 기대감 제시와 함께 열심히 청취하게 하는 기회를 만들어준다. 또한 도입부는 프레젠터와 청중간의 관계를 제대로 정립하는 시간이기도 하다. 공감대를 형성하기 위해 그들이 관심을 갖기 쉬운 얘기로 시작해야 하고, 주제에 흥미를 갖게끔 하는 과정도 필요하다. 청중이 주제에 흥미를 가져야만 본론부를 순조롭게 받아들일 수 있다. 만약 흥미를 가지지 못한다면 프레젠테이션에 참석한 의미 자체를 못 느끼게 되기 때문이다.

따라서 발표자는 도입부에서 강한 신뢰와 전문성을 제시해 줄 수 있는 방안을 꼭 연구하여야 하며, 도입부를 서툴게 처리했다면 절대로 좋은 결과가 나오기 힘들다.

다음은 도입부를 효과적으로 준비하기 위한 방법이므로 참고하기 바란다.

◎ 목차를 구체적으로 잡는다.

목차를 어떻게 잡느냐 하는 문제는 구성에 있어 상당히 중요한 비중을 차지한다. 목차는 발표의 뼈대와 같은 역할을 하며, 목차만 보아도 전반적인 사항에 대한 요약된 내용을 짐작하게 할 수 있기 때문이다. 목차를 제대로 잡지 않고 구성을 하다보면 전체적으로 혼란스러워질 수가 있으므로, 발표원고를 작성할 때는 가장 먼저 목차를 잡은 후 작성하도록 해야 한다.

◎ 유명 인사나 인물의 명언 또는 현재의 트렌드와 관련된 이슈를 준비한다.

이러한 준비를 해놓으면 청중의 관심을 쉽게 얻을 수 있으며, 신뢰감도 획득할 수 있다.

일례로 "소비자는 제품을 사는 것이 아니라 브랜드를 삽니다."라든지 "성공한 프로젝트에는 공통점이 있습니다. 그 공통점은 다음과 같습니다. 지금 살펴보신 공통점들을 바탕으로 하여 이번 프로젝트를 한번 풀어 보도록 하겠습니다."라는 멘트로 시작한다면 좋은 효과가 있을 것이다. 이러한 기억에 남을 만한 핵심문구는 발표가 끝난 후 청중들 간에 토의가 이루어질 때에도 재차 언급될 수 있다.

◎ Creative opening을 준비해 본다.

Creative opening 기법이란 프레젠테이션 시작을 평범하게 하지 않고 좀 색다르게 접근하는 방법이다. 이는 관심을 집중시키고, 발표주제를 자연스럽게 소구할 수 있는 매우 효과적인 스킬로서 서양에서는 널리 사용되고 있다. 그러나 잘못 사용하면 역효과를 초래하기도 하므로 신중을 기해야 한다.

만약 Creative opening이 주제와 전혀 관련이 없다거나 또는 청중에게 어떤 대답이나 행동을 유도하였는데 전혀 반응이 없다거나 한다면 사용하지 하지 않은 것만 못하다. 또한 분위기를 너무 무겁게 만드는 민감한 주제는 가급적 피해야 한다. 따라서 Creative opening의 효과를 거두기 위해서는 청중 분석이 먼저 선행되어야함을 강조하고 싶다. 그러면 Creative opening의 종류에 대해 알아보자.

- 적절한 일화나 예화
- 비유(역사, 스포츠, 비즈니스 등)
- 강한 인용
- 청중으로 하여금 직접 가벼운 행동을 하도록 함
- 청중에게 질문을 함(이 때 주의해야 할 점은 누구에게 질문을 던지는지를 확실히 해야 하며, 또한 대답하기 어려운 질문, 대답하기 곤란한 질문을 해서는 안 됨)
- 상상의(Imaginary), 사실적인 실화(Real), 드라마틱한(Dramatic), 재미있는 상황(Humorous situation)을 언급해 봄
- 토픽이 될 만하거나 현재 유행하는 사건의 언급

- 프레젠터의 개인적인 경험
- 강한 관심을 집중시킬 수 있는 그림 제시 등

이 외에도 음향기기 및 각종 도구 등을 이용한 이벤트를 동원하여 관심을 집중시킬 수도 있겠다. 따라서 내용 준비에 최선을 다하는 일도 중요하지만, 발표 시작 시 강한 집중을 끌어내기 위한 Creative opening을 별도로 계획해 보도록 하자.

2. 본론부

본론부에서는 핵심 주장이나 메시지를 뒷받침하기 위한 관련 자료와 타당성을 부여하는 논리적인 근거가 제시되어야 한다. 따라서 역할 및 내용적인 측면에서 가장 중요하게 다루어져야 할 부분이며, 시간적으로도 전체의 대부분을 차지한다.

따라서 청중들은 이 본론부에 깊은 관심을 가지고 있으므로 그들을 집중시킬 수 있는 번쩍이는 아이디어가 제시되어야만 한다. 특히 결론에 대한 자연스러운 동의를 구하기 위해서는 충분한 사례 및 자료와 함께 상당한 수준의 논리력도 뒷받침되어야 한다.

본론부에 대한 구성은 프레젠터에 따라 또는 프레젠테이션의 성격에 따라 달라지므로 여기서는 기본적인 사항들만 언급해 보기로 한다.

본론부를 시작하는 예시들

- 프로젝트 과제에 대해 재정리한다.
- 본론부에서 주로 다루어질 사항들을 준비해 본다.
- 본 프로젝트를 준비하면서 고려되었던 특별한 요소들을 구상해 본다.
- 본 프로젝트를 위해 수집된 자료 및 정보에 대해 취합하여 정리한다.
- 전략대로 집행되었을 경우 예상되는 기대 효과에 대해 준비해 본다.

※ 본론부 구성에 있어 고려할 점들

- 연구해 왔던 여러 대안들의 언급 여부를 결정한다(언급을 하기로 결정했다면 발표 시 각 대안들에 대한 장단점도 함께 준비한다).
- 청중에게 돌아가는 이익을 어떻게 제시할 것인지 연구한다.
- 핵심 메시지를 언제 언급할지 결정한다.

핵심 메시지 전달은 본론부 마지막에 하는 방식이 일반적이지만, 처음부터 핵심 메시지를 던지는 방식도 있다. 이 때 핵심 메시지를 먼저 던질 계획이라면 사전에 **충분한 고려가 필요하다**. 자극적인 방법이기는 하지만 일단 매력이 있어야 한다. 그리고 핵심 메시지를 먼저 던졌는데 청중의 핵심 인물이 "그건 아니야." 라는 의견을 표시하면 남은 시간이 너무나도 힘들어진다. 이는 내부적으로 이 부분에 대해서 이미 깊은 토의가 있었다고 보아야 한다. 또한 "아니야." 라고 말한 그 사람은 발표자가 던진 주장과 반대되는 입장을 계속 주장해 왔다고 보면 된다.

반면 핵심 인물이 강한 찬성을 한다면 일은 의외로 쉽게 풀릴 수가 있다. 왜냐하면, 나머지 참석자들이 그의 의견에 대해 반대를 하는 경우는 별로 없기 때문이다. 이는 비단 핵심 메시지에 국한하여 생각할 필요는 없다. 발표가 끝난 후 제시된 몇 가지 대안 평가에 있어서도 핵심 인물이 특정 안을 좋다고 한다면 나머지 참석자들도 그 안에 대해 대개 긍정적인 반응을 보이므로 일을 쉽게 풀어나갈 수 있다.

- 본론부 각 챕터(Chapter)별로 시간 배분을 어떻게 할 것인지 결정한다.
- 사례는 언제 들어 줄 것인지 결정한다.
- 관련 자료는 어떤 메시지의 보충 설명을 위해서 인용할 것인

지 결정한다.

- 보조 자료는 언제 제시할 것인지 결정한다.
- 비언어적 요소를 언제 어떻게 사용할지 계획해 본다.

3. 결론부

결론부란 발표내용 중 중요한 부분을 되새기게 하는 시간임과 동시에, 프레젠테이션과 프레젠터를 오랫동안 인상 깊게 하는 마지막 기회이자 진한 감동을 제공하는 순간이기도 하다. 그리고 청중으로 하여금 결단을 내리고 행동을 유발하도록 하여 프레젠테이션 목표를 달성할 수 있는 기회이기도 하다. 아무리 발표를 잘했다하더라도 기억에 남을 만한 마무리를 제대로 하지 못했다면 전체적인 효과는 급격히 떨어지므로, 감명 깊게 끝낼 수 있도록 결론부에 대한 연구를 철저히 해야 한다.

다음은 결론부를 효율적으로 마무리하기 위한 준비 방안이다.

◎ 발표내용의 요점을 간략하게 준비한다.

아무리 조리 있게 설득적으로 메시지를 전달했다 하더라도 듣는 사람들은 그 모든 것을 받아들이기 힘들며, 발표자가 애써 강조한 부분에 대해서도 명확히 기억하기란 그리 쉽지가 않다. 따라서 본론부에서 핵심적으로 다루었던 내용에 대해 2~3분간에 걸쳐 요점을 되짚어 주는 방법은 청중들에게 발표 전반에 걸친 내용을 재확인시키는 역할을 한다.

◎ 조언해 줄 수 있는 내용을 준비한다.

본론부에서는 깊게 다루기 곤란한 사항도 결론부에서는 제언 (Recommendation) 차원에서 가볍게 던질 수 있으므로, 그 정도가 지나치지만 않다면 괜찮은 방법이다.

◎ Creative closing을 이용해 본다.

Creative opening과 마찬가지로 Creative closing 또한 프레젠테이션의 효과를 높이는 멋있는 스킬 중 하나다. 즉, 깊은 인상을 남기기 위해 놀랄만한 결론부를 만든다면 앞서 전달한 내용들에 대한 기억의 강도도 높아져 분명히 오래 남게 될 것이다.

Creative closing에는 다음과 같은 방법들이 있다.

• 프로젝트와 관련된 유명인의 말을 인용
• 재치 있는 얘기나 유머

- 청중에 대한 칭찬
- 놀랄 만한 이벤트
- 속담이나 격언

사례 : 아사히 펜탁스의 광고 프레젠테이션
아사히 펜탁스의 즉석카메라 광고 프레젠테이션에서 Creative closing을 멋있게 한 사례를 소개한다.

아사히 펜탁스의 광고 프레젠테이션을 받기 위해 회의실에 청중이 모여 있는 상황이었다. 불이 꺼지면서 밖에서 문을 노크하는 소리가 들리더니 발레복을 입은 한 아름다운 소녀가 들어온다. 그 소녀를 향하여 스포트라이트가 비춰지고 화려한 발레가 시작된다. 그 순간 회의실 구석에서 두 대의 즉석카메라가 춤추는 모습을 계속해서 찍는다. 그리고 즉석에서 여러 사진을 뽑는다.

약 10분간의 발레와 촬영이 끝난 후 회의실의 불이 켜지면서 프레젠테이션이 다시 시작된다. 방금 아사히 펜탁스로 찍은 사진과 경쟁사 제품으로 찍은 사진이 비교되어 화면에 올라온다. 두 사진은 차이가 났다. 펜탁스로 찍은 사진은 경쟁 제품으로 찍은 사진과 비교 시 좌우로 약 1cm씩 더 나온 것이다. 경쟁 제품으로 찍은 사진이 손과 발의 일부가 잘림에 비해 펜탁스로 찍은 사진은 잘림

현상이 없다. 누가 보아도 확연히 알 수 있는 차이다. 프레젠터는
"이것이 우리 제품의 장점이며, 이러한 부분을 광고에 적극적으로
반영해야 합니다."라고 강하게 주장하며 이를 소재로 한 인쇄 광
고 시안을 보여준다.

헤드라인(Headline)은 다음과 같다. "Can you see the
difference?"그리고 그 밑에 'Only available with PENTAX'라는
Copy가 뒤를 잇는다. 제품의 장점을 확실히 보여주는 광고물이다.

프레젠테이션이 끝나고 한 청중이 그 발레리나가 누구냐고 묻자
프레젠터는 자기 지갑을 꺼내 그 안에 들어 있는 가족사진을 보여
준다. 그 발레리나는 바로 프레젠터의 딸이었고, 청중들은 모두
박수를 치며 감동에 젖는다. 즉, 프레젠터는 멋진 Creative closing

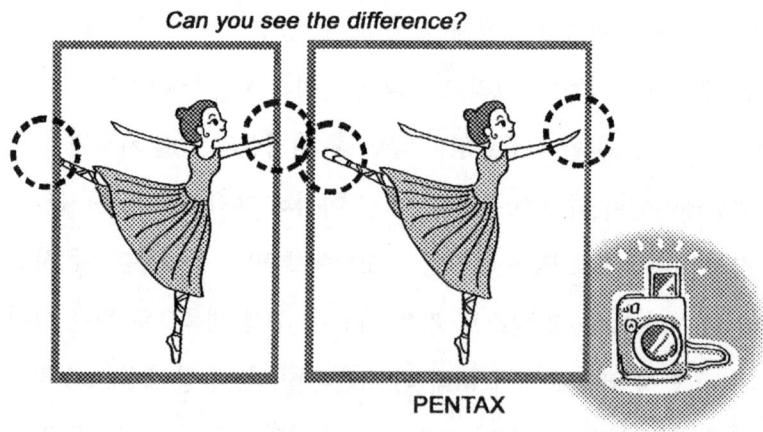

Can you see the difference?

PENTAX

을 사용하였던 것이다.

만약 이 발레리나가 프레젠터의 딸이 아니었더라면 그 정도의 감동이 있었을까? 물론 아니었을 것이다. 프레젠터는 사전에 치밀히 계획하여 제품의 장점을 어떻게 보여줄까라는 고민을 수도 없이 했을 것이고, 자기 딸과 발레라는 소재를 발굴하였던 것이다.

4. 시간 구성

프레젠테이션을 구성할 때에는 소요 시간도 꼭 점검해야 한다. 경쟁 프레젠테이션에서는 참여한 모든 업체에 동등한 시간을 제공하기 위해서 발표시간을 지키는 항목도 점수에 포함시키고 있는 실정이다.

꼭 필요하지 않다면 할당받은 시간을 절대로 초과해서는 안 된다. 시간을 초과해서 좋은 결과를 얻었다는 말은 별로 들어보지 못했다. 가급적 할당받은 시간보다 조금 빨리 끝내도록 하자. 시간에 쫓기다 보면 청중이나 발표자 모두가 집중할 수 없는 결과를 초래하고, 청중에 따라 개인적인 약속이 있다거나 발표주제에 전혀 관심이 없을 수도 있기 때문이다.

정해진 시간을 초과하는 이유는 거의가 발표자 자기 욕심에 기인한다고 보면 된다. "청중들이 듣길 원하건 원하지 않건 내가 하고 싶은 말은 다하고 끝내야겠다."라는 일방적인 욕심에서 나오는 결과이다.

그리고 도입부, 본론부, 결론부 등 각 파트별로 시간 배분을 하는 것도 필수적이다. 그래야만 내용을 빠뜨리지 않고 발표할 수 있으며, 발표 시 시간에 쫓기는 일도 생기지 않는다.

물론 연습 시 시간점검을 해보는 일은 너무나도 기본적인 사항이다.

5단계 시청각 기자재 및 보조자료

준비의 5단계에서는 시청각 기자재 및 소도구 · 보조 자료 등을 어떻게 사용할 것인지에 대해 결정해야 한다. 발표내용에 대한 구성 및 기획이 상당히 중요하지만, 프레젠테이션 그 자체도 당연히 '기획'이 필요하다. 즉, 내용 자체만 기획하면 되는 게 아니라 준비한 내용을 어떻게 하면 효율적으로 전달할 것인가에 대해서도 치밀하게 연구해야 한다. 이 때 기자재 및 보조 자료가 큰 역할을 하게 되는데, 그 이유는 청중의 오감을 자극시켜서 집중도를 높이고 흥미를 유발하기 때문이다.

기자재는 발표 성격에 따라 적절하게 선택하여 사용해야 하는데, 발표 장소 및 참석자 수, 그리고 중요도에 의거하여 결정해야한다. 요즈음은 대개 빔 프로젝트를 이용하여 발표를 하는 방식을 가장 많이 사용하지만, 때에 따라서는 폼보드(Foamboard)로 발표하는 방식이 훨씬 효과적일 때도 있다. 그러므로 사전에 어떤 기자재가 가장 적절한지 연구해 보아야 한다. 또한 사용할 기자재에 따라 발표 원고의 구성 및 형식도 달라져야 하므로 가능한 한 빨리 결정하는 것이 좋다.

1. 시청각 기자재 사용에 있어서의 고려사항

◎ 발표내용과 호흡이 잘 맞도록 연습하자.

기자재 또는 소도구를 제시할 때 발표내용과 호흡이 맞지 않는 일이 발생한다면, 우선 프레젠터가 제대로 된 발표를 하기가 어렵게 되며 청중들도 당황해 할 것이다. 그리고 작은 실수라도 청중들의 눈에는 크게 보이는 법이므로 절대로 가볍게 여겨서는 안 된다. 따라서 내용과 기자재 및 소도구의 사용이 잘 연결되어야 하며, 그러기 위해서는 익숙해질 때까지 사용법에 대한 훈련을 계속해야 한다.

특히 프레젠터가 직접 페이지를 넘기지 않고 보조요원이 그 역할을 담당한다면 사전에 충분히 손발을 맞춰보아야 한다. 발표자가 매번 '다음 화면'이라고 말하며 진행하는 방식은 청중들의 귀를 아주 거슬리게 하고 프레젠테이션의 흐름을 깨뜨리므로, 언제 다음 페이지로 넘어갈지에 대해 예행연습 시 호흡을 맞추거나 발표자와 보조요원 둘만의 사인을 만들어 두는 방법도 좋다. 특히 초보자들은 혼자서든 팀원과 같이 하든 능숙해질 때까지 연습을 해야 한다.

◎ 비상시의 대책 계획을 항상 세워야 한다.

기자재 또는 소도구는 잘만 사용하면 큰 효과를 보지만, 반면 항상 문제가 생길 수 있는 위험을 내포하고 있다. 특히 기자재는 작동 이상이나 전원공급 등 가끔 원치 않는 돌발 상황이 발생하기도 하므로 미리 대비책을 강구해 놓고 있어야 한다.

◎ 기자재의 과다한 사용은 발표 포인트를 흐리게 한다.

'과유불급(過猶不及)'이라는 사자성어가 있다. '정도를 지나침은 미치지 못함과 같다.'라는 뜻이다. 기자재를 너무 많이 사용하면 초점이 내용보다 기자재 그 자체에 맞춰지기 쉬우므로 절제해서 필요할 때만 사용하도록 하자.

그러면 지금부터 각 기자재별 특징 및 사용 시 주의할 점 등을 살펴보도록 하자.

2. 빔 프로젝터와 노트북 컴퓨터

빔 프로젝터(Beam projector)와 노트북 컴퓨터(Notebook computer)는 요즈음 가장 널리 사용되는 기자재이다. 다양한 기능과 효과로 인해 발표를 효율적으로 만들어주고 세련되고 전문적인 이미지 제공이 가능하다는 장점이 있으나, 가끔은 작동이 제대로 되지 않는 경우도 발생한다. 그러므로 항상 주의를 기울여야 한다.

다음은 사용 시 고려해야 할 사항이다.

◎ 기계는 언제든지 문제를 일으킬 수 있음을 기억하자.

이제 프레젠테이션을 시작하려고 하는데 갑자기 빔 프로젝터가 작동하지 않는다. 청중들은 자리에 앉아 기다리고 있고, 마음은 급하고, 손동작은 더디고, 별도로 준비한 기자재도 없고, 기획서를 들고서 발표하자니 안 하느니만 못하고 정말 죽을 맛이다. 다행히 이런 경험을 겪어보지 않았다면 더할 나위 없겠지만, 거의가 한두 번쯤은 경험한 적이 있을 것이다. 그렇다고 두 번 다시 빔 프로젝트를 사용하지 않을 수도 없다. 기계를 믿어서는 안 된다. 사전에 점검하고 또 점검하는 것 외에는 다른 방법이 없다. 발표 전날에는 반드시 점검을 해보아야 하며, 당일에는 가급적이면 기계 작동에 능한 '선수' 와 동반함이 심적 부담을 줄일 수 있는 길이다.

◎ 빔 프로젝트와 노트북 컴퓨터는 가급적 직접 준비하자.

물론 발표장에 이 두 기자재를 번번이 들고 다닌다는 것 자체는 상당히 귀찮은 일이다. 그러나 발표장에 비치되어 있는 빔 프로젝터를 사용하려는 계획으로 노트북만 가지고 갔는데 제대로 호환이 되지 않는다든가 작동되지 않는 너무나도 당황스러운 일이 발생한다면 그 때는 어찌할 것인가? 기계를 야단칠 수도 없는 문제다. 따라서 가급적이면 발표 바로 전날까지 사용하고 연습했던 그 기자재를 직접 가지고 가는 것이 좋다. 아니면 발표 파일을 메일로 미리 보내어 청중 측 담당자로 하여금 확인을 하도록 해야 한다. 그렇지 않다면 항상 조마조마한 마음을 갖고 발표장으로 향하는 일이 생길 수밖에 없다. 어딘가 불안한 것이다.

특히 기기가 다르면 해상도에 따라 화면이 제대로 보이지 않는 상황이 발생하기도 하므로 주의해야 한다. 빔 프로젝터가 매킨토시 노트북과 연결되었을 경우에는 화면이 정상적으로 보이지 않는 경우도 있으니 이 역시 간과해서는 안 되겠다. 따라서 발표시간 훨씬 이전에 발표장에 도착하여 화면이 제대로 나오는지를 반드시 점검해보아야 한다.

그리고 노트북은 내장용 배터리만으로는 부족할 수 있으니, 반드시 전원을 연결하여 사용하도록 하자. 또한 만약의 경우를 대비해 별도의 연결 코드를 가지고 가는 것은 기본이다.

3. 칠판 또는 화이트보드

강의나 강연을 하다보면 스크린 없이 설명을 한다거나 스크린을 사용하더라도 스크린에 없는 내용을 추가로 설명해야 될 경우가 생길 때가 있다. 이런 상황에서는 칠판(Blackboard) 또는 화이트보드(White board)에 적절하게 필기하면서 진행을 하면 큰 도움이 된다. 사용 시 장점이나 주의해야 할 점들은 다음과 같다.

◎ 발표주제나 개념 또는 자세한 설명이 필요한 부분의 필기가 가능하다.

스크린을 사용하지 않고 발표를 한다면 시작 시 청중이 발표주제에 대해 확실히 알게끔 해주어야 한다. 참석자들이 도대체 무슨 얘기를 듣고 있는지를 알아야 하기 때문이다. 따라서 주제를 적어 놓고 시작하도록 하자. 또한 스크린을 사용하더라도 구체적이고 자세한 설명이 필요한 상황에서는 그림을 그리거나 필기를 하면서 진행하면 이해도를 높이는 데 큰 도움이 된다.

◎ 칠판 또는 화이트보드에 필기하는 동안 청중과의 시선 접촉을 놓칠 우려가 있으므로 주의를 해야 한다.

필기할 때는 보드를 봐야 하기 때문에 청중을 보지 못한다는 사실은 어떻게 보면 자연스러운 상황이다. 그러나 이때 말을 계속해서는 곤란하다. 필기하는 동안은 말을 삼가야 하며, 필기가 끝난 다음 시선 접촉을 하면서 다시 말을 시작한다.

◎ 펜이 잘 나오는지 사전에 잘 점검해 보아야 한다.

펜은 주최측에서 새 것으로 비치를 해놓고 있어야 한다. 여러 개의 펜이 있지만 모두 잘 나오지 않는다면 발표자가 이 펜, 저 펜 계속해서 사용해보는 어색한 상황이 발생하는데, 이렇게 되면 분위기도 산만해지고 안 좋은 모습으로 비치게 된다.

◎ 글씨는 정확하고 알아보기 쉽고 명확히 적어야 한다.

필기된 글씨는 자신이 아니라 청중들에게 보여주기 위한 것임을 잊어서는 안 된다. 따라서 시간이 조금 걸리더라도 또박또박 성의 있게, 그리고 잘 보이도록 큰 글씨로 원래 단어 그대로 진하게 적어 주자. 흘림체 필기나 약어, 약자 등은 사용하지 않도록 한다.

◎ 필기할 문장은 핵심 단어나 문구 등으로만 구성하는 방식이 좋다.

일단 긴 문장을 적다보면 필기 시간이 오래 걸리며, 그러다 보면 프레젠테이션의 흐름이 끊길 우려가 있다. 또한 발표자가 읽는데 시간이 걸리므로 자연히 분위기도 늘어진다. 따라서 간략하게 필기를 한 다음 보충 설명을 하는 형식을 취하자.

◎ 보드 1/3 이하에는 필기를 하지 말자.

1/3 이하에 필기를 한다면 보드로부터 멀리 떨어져 있는 참석자들에게는 잘 보이지 않는다. 보드 상단 2/3 이상에 필기를 해주어야 한다.

◎ 지울 때는 반드시 지우개를 사용하도록 하자.

시간 절약을 위해 또는 귀찮아서 손으로 지우는 경우가 있는데 이는 보기 좋지 않다. 손으로 지운다고 시간이 그렇게 절약되지도 않을 뿐더러 잘 지워지지도 않으며, 그렇다고 열정적으로 보이지도 않는다.

4. 플립 차트

플립 차트(Flip chart)란 주요사항들을 미리 적어놓고, 차트를 한 장씩 넘기면서 진행하는 기자재이다. 장점 및 고려사항은 다음과 같다.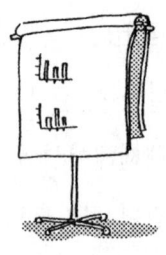

◎ 청중이 소수일 때 효과적이다.

참석자 수가 많고 발표장 규모가 크다면 차트 자체가 잘 보이지 않으며, 필기된 글자들은 아예 눈에 들어오지도 않는다. 따라서 참석자 수가 10명 미만이고 작은 회의실에 모여서 발표할 때 그 진가를 발휘한다.

◎ 청중에게 차트가 쉽게 보이도록 하자.

이젤 등에 차트를 올려놓아 뒤에 있는 참석자들에게도 쉽게 보이게끔 해야 하며, 프레젠터가 차트를 가리는 일은 없도록 해야 한다.

◎ 차트의 빈 칸에 중요한 포인트를 발표자가 직접 적고 이를 받아 적게 하면 효과적이다.

이는 주로 교육을 할 때 큰 효과가 있는데, 차트에 모든 내용을 다 적어 놓는다면 청중은 프레젠터보다는 차트만을 쳐다보고 있을 것이다. 따라서 관심을 집중시키고 중요한 사항에 관심을 기울이게 하기 위해서 빈 칸 또는 여백에 프레젠터가 직접 필기한 후, 청중으로 하여금 교재에 받아 적게 하면 효율성이 높아진다.

◎ 다양한 칼라를 이용해 본다.

미리 적혀 있는 문장은 흑백으로 구성되어 있더라도 추가로 삽입하는 글자는 2~4가지 정도의 칼라를 이용하여 구성하도록 하자.

◎ 필요하다면 빈 칸에 들어갈 사항 또는 전달할 내용을 연
필로 흐릿하게 적어 놓는 방식도 좋다.

프레젠터의 기억을 도와주는 방법이다. 그러나 누구든지 쉽게
알아볼 만큼 진하게 필기되어 있다면 프레젠터의 전문성에 흠이
갈 수 있으므로 주의하자.

◎ 설명하는 내용에 해당되는 페이지만 펼치자.

지금 설명하고 있는 내용과 관계없는 페이지가 펼쳐져 있다면,
청중은 차트에 있는 내용과 진행자가 하고 있는 말 사이에서 혼란
을 일으키게 된다. 효과가 떨어짐은 너무나 당연한 일이다.

5. 마이크

마이크(Microphone)는 자주 사용되는 기기가 아니기 때문에 처
음 사용 시에는 불편하고 어색하므로 조심해야 한다. 그리고 규모
가 큰 장소에서는 반드시 마이크를 사용해야 하지만 작은 회의실

에서 사용하면 역효과를 초래할 우려가 있다.

마이크를 사용하면서 가장 주의해야 할 점은 입과 마이크간의 거리이다. 대개 마이크를 입에 너무 가깝게 대는 경향이 있는데, 이렇게 되면 발음이 튀거나 호흡하는 소리가 들려서 청중의 귀를 거슬리게 하므로 약 10cm 정도의 거리를 유지하는 것이 좋다.

또한 스스로 느끼는 크기와 스피커를 통하여 나오는 실제 크기에는 약간의 차이가 있으므로 사전에 음량 크기(Audio level)를 반드시 점검해 테스트를 확실히 해보도록 하자. 그리고 마이크를 사용할 때에 참석자들이 이미 입장해 있는 상황에서는 "아~ 아~"하는 소리를 내어 테스트해서는 안 된다. 대신 손으로 톡톡 치면서 점검하도록 하자.

마이크 종류별 특징은 다음과 같다.

※ 강연대에 부착된 마이크

이러한 환경에서는 프레젠터가 강연대를 떠나 움직이지 못한다. 즉, 마이크가 고정되어 움직이지 않으므로 한 지점에서만 진행을 해야 하는 단점이 있으며, 다소 딱딱한 형식이 되기 쉽다. 그러나 자주 있는 자리이므로 그에 맞는 계획을 세워야 한다.

◼ 손에 드는 마이크

무대에서 이동할 때 선이 거추장스럽고 움직임의 반경에도 제한을 받을 수 있다. 또한 제스처를 하기가 힘들어진다. 물론 마이크를 들고 있지 않은 다른 손으로 제스처를 하면 되겠지만 부자연스럽다. 또한 필기를 해야 한다면 더욱 힘들어진다.

그리고 입과 마이크의 거리가 순간순간 달라져 그에 따라 소리 크기가 커졌다 작아졌다 하므로 항상 일정한 거리를 유지하도록 하자.

마이크를 쥘 때는 두 손으로 감싸서는 안 되며 노래방에서나 봄직한 줄을 감는 모습을 보여서도 안 된다. 한손으로 자연스럽게 잡도록 하자.

◼ 옷에 부착하는 핀 마이크

장점이 많은 마이크이다. 자유로운 제스처가 가능하고, 입과 마이크간 거리가 고정되어 있으므로 소리 크기의 변화도 막아준다.

마이크 선이 없으므로 발에 걸릴 위험도 없다. 가능하면 고정된 마이크나 손에 드는 마이크보다 무선 마이크 사용을 권장한다.

6. 보조 자료

보조 자료란 넓은 의미에서는 프레젠테이션 슬라이드까지도 포함하지만, 좁은 의미에서는 설득을 함에 있어 도움을 주는 제품, 이미지 보드, 시청각 영상물 등을 말하는데 이는 메시지를 전달하는 데 있어 큰 역할을 한다. 내용에 대한 이해도를 높여줌과 동시에 머릿속에 오랫동안 강하게 기억시켜주는 괜찮은 수단으로, 보조 자료를 효율적으로 사용하면 특히 감각을 자극하는 데도 큰 효과를 제공하며 감동적인 발표를 할 수 있다는 장점도 있다.

예로 정리, 가공된 자료가 아닌 신문 등 자료원 자체를 직접 보여주는 방식은 집중도를 높여준다. 즉, 프레젠테이션을 준비하다보면 신문이나 잡지 등에 기술된 자료 등을 인용할 상황이 자주 생기는데, 이 때 발표원고에 그 출처를 명기하여 밝히는 방법도 있겠으나 '자료의 근원'을 제시하는 아이디어도 훌륭한 쇼(Show)가 되며 신뢰감도 높아진다. 물론 프레젠테이션 전개에 도움만 된다면 비데오테이프를 통한 자료화면 제시 등 다양한 도구를 사용해도 좋다.

단, 너무 많은 보조 자료의 제시는 청중에게 부담감을 줄 수 있으니 유의해야 하며, 발표 도중 어떤 시점에 제시해야 할지를 사전에 충분히 검토하여 적절한 시점에 효과적으로 제시할 수 있도록 해야 한다.

6단계 발표 원고 작성

이제 준비의 6단계인 발표원고 작성 (Presentation slides)에 대해 살펴보도록 하자. 준비 1단계인 청중 분석 단계부터 5단계인 기자재 및 소도구와 보조 자료가 '준비의 기획단계' 라면, 발표원고 작성단계는 '준비의 개발단계' 라고 볼 수 있다.

발표원고 작성에 있어 가장 주의해야 할 점은 제출용 보고서와는 그 구성이 달라야 한다는 것이다. 그런데 복잡하게 구성되어 있는 제출용 보고서와 발표하는 내용이 담긴 원고가 똑같은 경우를 자주 볼 수 있다. 즉, 제출되는 보고서와 스크린에 떠 있는 글들이 하나도 다르지 않고 일치한다. 왜 이런 일이 생길까? 두말 할 나위도 없이 '귀찮아서' 가 원인이 아니겠는가? 제출용 보고서를 완성한 후 그것을 그대로 발표원고로 사용하기 때문이다. 그러나 제출용 보고서와 발표용 원고는 엄격히 달라야 한다.

그 이유는 간단하다. 보고서란 '듣는 것' 이 아니고, 시간을 갖고 '보는 것' 이기 때문에 발표원고보다는 좀 더 자세히 서술되어 있어야 한다. 짧은 프레젠테이션 시간동안 모두 전달하지 못한 사항들이 담겨 있어도 된다. 그러나 프레젠테이션에서는 '집중' 을 시켜야 하고 청중이 스크린을 보고 그대로 읽는 일이 생겨서는 곤란하므로, 압축되고 매력적인 구성이 요구된다. 따라서 발표원고는 이러한 부분이 고려되어 작성되어야 하며, 아무리 내용 및 구성이 훌륭하더라도 발표원고가 갖추어야 할 기본 조건이 충족되지 않는다면 가치가 떨어질 수밖에 없다.

별도의 기획서 없이 발표용 원고를 그대로 책자로 만들어 제출하는 방식이 일반적이다. 하지만 이 또한 발표가 끝난 후 청중들이 자세한 내용을 완전히 기억하지 못하게 한다. 발표자가 원고에 없는 많은 부분을 말로 대신 하였기 때문이다. 따라서 권장하고 싶은 방식은 보고서와 발표원고를 별도의 책자(기획서)로 만들어

두 가지를 모두 제출하는 것이다.

그러면 지금부터 프레젠테이션을 위한 발표원고 작성에 대해 살펴보기로 하자.

1. 고려사항

◎ 처음부터 완벽한 원고를 작성하려고 하지 말라.

수차례의 회의를 거쳐 발표원고를 작성할 시간이 다가오면, 그때부터는 차분하게 '정리'를 해나가야 한다. 마음이 급하다거나 시간에 쫓긴 상황에서 작성하게 되면 절대로 훌륭한 작품이 나올 수 없다. 그 동안의 회의 결과를 통해 수집되고 분석된 자료를 꼼꼼히 구성해주는 과정이 필요하다. 고치고 또 고치는 여러 번의 수정이 필요하다. 이렇듯 깊은 정성이 들어가야 하는데 이런 작업을 순식간에 끝내려고 하는 사람들이 꽤 된다.

예를 들어 컴퓨터 앞에 앉아 바로 타이핑을 해가며 써내려 가는 사람, 드래프트 없이 바로 작성하는 사람들은 좀 더 신중하게 원고를 작성하는 습관을 길러야 한다. 처음부터 완벽한 원고를 작성하려는 마음은 버리도록 하자. 많은 노력을 들여 원고 작성을 완료했다 할지라도 마음에 드는 경우는 흔하지 않으므로, 그 완벽을 처음부터 추구하려고 하지 말자.

◎ 항상 '발표의 목표'를 잊지 않고 작성해야 한다.

프레젠테이션에서도 그 목표가 중요하듯이 발표원고 구성에 있어서도 항상 핵심 목표를 머릿속에 두어야 한다. 원고를 작성하다 보면 목표로부터 벗어나 소위 '배가 산으로 가는' 상황이 종종 발생하는데, 이는 작성자가 목표를 잊었을 때 발생하는 일이다. 너무 세세한 부분에 사로잡히지 말자. 큰 흐름을 중시해야지 그렇지 않으면 목표와는 상관없는 전혀 다른 방향으로 전개될 수도 있기 때문이다.

◎ '설명(說明)'이 아니라 '설득(說得)'하겠다는 마음을 가지고 작성한다.

프레젠테이션이란 모르는 내용을 이해시키는 게 아니라 자신의 주장에 대해 공감하게 만들거나 긍정적인 태도를 갖게끔 만드는 '설득의 과정'이다. 반면 설명이란 모르는 사실이나 정보를 알려주는 개념이며, 자신의 의견이나 주장은 배제되어 있다. 따라서 '단지 내용을 전달한다.'라는 자세에서 벗어나 '반드시 물건을 팔아야 한다.'라는 마음가짐으로 원고를 작성하자.

◎ 작성자 본인만의 논리로 구성되어서는 안 된다.

프레젠테이션에서는 객관적인 논리가 절대적인 역할을 한다. 그럼에도 불구하고 자기만의 논리에 빠진다면 그보다 더 위험한 일이 없다. 그런 이들은 대개 '왜 우리 전략을 이해해 주지 못하느냐?'라는 불만을 갖는다. 발표원고는 자기주장을 강요하는 수단이 되어서는 안 되며, 보는 이들로 하여금 이해하기 쉽고, 긍정적이며 호의적인 반응을 일으킬 수 있게끔 작성되어야 한다.

◎ '눈을 위한 구성'이 아닌 '귀를 위한 구성'으로 전개한다.

'눈을 위한 원고'란 설명을 듣지 않고 단지 보기만 하는 원고를 뜻하며, 학문적이고 논리에 치중된 형식을 갖는다. 예를 들면 학위 논문이라든지, 신문, 잡지 등에 기고되는 글 등이 여기에 속한다. 이것은 대개 어려운 용어를 사용하고 그 구성이 복잡하여 읽는 데 집중을 해야만 이해가 가능하다. 그러나 '귀를 위한 원고'는 그 성격이 완전히 다르다. 쉬운 용어와 간단한 틀을 가져야 하며, 누구든지 쉽게 접근할 수 있어야 한다.

그렇다면 발표원고는 어떤 형태를 가져야 할까? 당연히 '귀를 위한 원고'가 되어야 한다. 그래야만 청중들이 쉽게 이해할 수 있으며 거부감도 갖지 않는다. 전문용어를 자주 사용한다거나 '논리에 치중한다.'는 명분하에 구성이 너무 복잡하게 되어 있으면, 이는 단지 작성자의 자기만족에 그치고 마는 결과를 초래한다.

◎ 회의 시간에 나온 모든 얘기들을 꼼꼼히 정리하여 참고하라.

하나의 기획서를 만들기 위해서는 방대한 자료가 필요한데, 그 중 팀원들끼리의 회의에서 나온 얘기들은 하나도 빠뜨리지 않고 기록해 두어야 한다. 원고 작성을 하다 보면 그 기록들 중에서 주옥같은 말들이 얼마나 많이 있는지를 모두가 알 것이다. 어차피 혼자서 모든 내용을 완료한다는 자체가 불가능하므로 프로젝트에 같이 관여한 여러 사람들의 의견을 종합해야 하는데, 가장 효과적인 방법이 바로 그들의 의견을 낱낱이 기록해 두었다가 원고 작성 시 활용하는 지혜다.

◎ 프레젠터가 직접 원고를 작성하라.

주최 측으로부터 고위직에 있는 분이 발표해 달라는 요구가 있어 사장이 직접 맡게 되었다고 하자. 그러면 원고는 누가 작성하여야 할까? 쉬운 일은 아니겠지만 그 사장이 직접 작성해야 한다. 작성자는 말 한마디 한 마디를 생각하면서 원고를 작성해나가기 때문이다. 즉, 연결구, 숨어 있는 이야기 등 여러 가지를 머릿속에 그려가면서 작성하는 것이다. 그런데 원고를 작성하지 않은 프레젠터가 원고를 받아서 발표한다면 알맹이 없는 프레젠테이션이 되기 쉽다. 불가피하게 원고 작성자와 발표자가 달라야 한다면, 발표자는 원고를 반드시 최종적으로 점검을 해서 작성자의 의도를 최대한 살릴 수 있어야 한다.

결론적으로 특별한 경우가 아니라면 발표자가 원고를 직접 작성하는 것이 좋은데, 그 이유는 세상에서 가장 어려운 프레젠테이션은 남이 작성한 원고로 발표하는 것이기 때문이다.

◎ 할당된 시간에 마칠 수 있는 분량으로 작성하라.

슬라이드 당 평균 약 1~2분을 할애한다는 계획으로 분량을 맞춘다. 문제는 대부분의 프레젠터들이 할당받은 시간에 비해 너무 많은 양을 준비하는 우를 범하는 것인데, 이는 시간을 다 채우지 못하지는 않을까라는 두려움에서 나오는 결과이다. 그러나 경험을 하다보면 분명 시간을 초과하는 일이 더 자주 생긴다. 즉, 할당받은 시간에 비해 슬라이드 양이 너무 많기 때문이다.

그리고 발표시간이 초과될 것을 대비하여 설명을 줄이거나 생략해도 될 부분을 미리 정해 놓는 것이 좋으며, 계획보다 발표가 아주 일찍 끝났다면 발표와 관련된 이야기를 하면서 마무리을 지을 수 있는데 이를 대비하여 몇 가지 테마를 준비해 두도록 하자.

2. 원고작성 기술

기본 원칙

◎ Readable, Understandable, Attractive, and Accurate(읽기 쉽게, 이해할 수 있도록, 매력적으로 느껴지도록, 정확하게)

아무리 훌륭한 내용이라도 이해하기 어렵다거나 전달되기 힘들다면 원하는 결과를 얻지 못하며, 오히려 역효과를 초래한다. 누가 보아도 쉽게 이해가 되어야 하며, 첫 페이지부터 시선을 사로잡게 된다면 더욱 좋다. 처음부터 매력이 느껴진다면 다음 페이지가 기다려지는 것은 자명한 일이다.

◎ Easy(쉽게)

흔히 이런 얘기를 한다. "초등학생이 보아도 쉽게 이해할 수 있도록 작성하라." 지극히 맞는 말이다. 원고는 '쉽고 명쾌하다.' 라는 기분이 들도록 해야 한다.

원고를 어렵게 구성한다는 것은 바로 "보고 싶은 사람만 보시오." 라는 것과 다름없다. 원고는 자기를 자랑하는 도구가 절대 아니며, 전문성이 높아질수록 더욱 알기 쉽게 작성할 수 있다는 점을 명심하자.

◎ Persuasive(설득적으로)

발표원고의 생명은 바로 '설득적'이어야 한다는 것이다. 첫 페이지부터 끝까지 잘 정리된 논리하에 전달하고자 하는 바가 잘 표현되어 있어야 한다. 청중의 고개를 끄덕이게 만들어야 한다. 이는 비단 자세히 기술한다고 해서 해결되는 문제는 아니며, 전체적인 흐름과 객관적인 자료 등이 요구된다.

◎ Clear(명확하게)

발표원고 작성은 하나의 테마를 집중적으로 다루는 작업이다. 따라서 무슨 얘기를 하고 싶은지, 주장하고 싶은 메시지가 무엇인지가 잘 드러나 있어야 한다. 애매모호한 표현은 자신감 결여로 연결된다. 무슨 말을 할지 명확하게 정하고 자신 있게 주장을 내세우도록 하자.

◎ Creative(형태나 구성을 독특하게)

독특함 그 자체만을 위해 억지로 구성한다면 그것도 문제겠지만, 어쨌든 평범함보다는 강하게 기억시킬 수 있는 '무기'가 반드시 필요하다. 따라서 발표원고에는 반드시 '작성자의 철학'이 드러나 있어야 하며, '자기만의 색깔'이 나타날 수 있는 '차별화'를 제시하도록 하자.

이는 특정 브랜드마크(Brand mark)를 멀리서 봤을 때 금방 인식하는 이치와도 같다. 즉, 남들과 구별되는 독특한 아이덴티티(Identity)가 제공되어야 한다는 것이다. 그러기 위해서는 고유한 전개방법과 주장하는 방식 등이 필요하며, 쉽게 흉내내지 못하는 'Creative'를 갖추고 있어야 한다. 그러므로 기존의 기획서나 원고들을 흉내내는 일은 결코 없어야겠다. 타인의 원고 틀에 맞추어 단어만 적당히 바꾸어 구성한다면 쓰는 이뿐만 아니라 보는 이들도 무엇인가 어색함을 느끼게 되고, 당연히 자연스럽고 매끄러운 발표를 하기도 힘들어진다.

또한 어떤 기획서에서도 쉽게 접할 수 있는 흔하고 진부한 문구가 많이 포함되어 있다면, 청중들은 식상함을 느끼고 발표자에게 등을 돌릴 수 있으므로 자신만의 철학과 색깔이 담긴 문구를 꼭 제시할 수 있도록 하자.

◎ Simple > Complex(복잡하지 않고 간단명료하게)

아무리 간단하게 원고를 구성한다 하더라도 청중들이 잘 이해하지 못할 때가 많다. 하물며 논리적, 전략적으로 프레젠테이션을 한다는 명분 아래 복잡하게 구성한다면 효과가 급격히 떨어짐을 명심하자. 복잡한 원고는 '작성자의 논리 구조'를 그대로 옮겨 놓는다거나 자기 지식을 모두 전달하겠다는 욕심에서 기인한다.

　원고 작성의 공통적인 원칙이 바로 'KISS'이다. Keep It Simple Stupid(단순하게, 그러나 머리가 나쁜 사람도 알아들을 수 있게끔) 또는 Keep It Simple Strong(간단하고 강하게)라는 의미이다. 절제된 언어로 간단하고 강하게 구성할 수 있게끔 압축하는 훈련이 꼭 필요하다. 청중들은 복잡한 것을 싫어한다.

◎ Dynamic > Static (정적이지 않고 가능한 한 역동적으로)

　훌륭한 프레젠테이션이란 끝나고 난 후 '마치 한 편의 영화를 보고 난 기분'이 들도록 해야 한다. 영화의 생명이 무엇인가? 상영되는 내내 눈을 떼지 못하도록 해야지만 훌륭한 영화로서의 가치가 있지 않은가? 프레젠테이션도 영화와 마찬가지로 재미있고, Active하면서도 Dynamic한 구성을 갖추어야 한다. 1분이라도 느슨한 느낌이 든다면 청중은 금방 눈을 돌리게 된다는 사실을 명심하고, 발표원고 작성에 있어서도 꼭 반영하도록 하자.

◎ Natural (흐름이 매끄럽게 연결)

　원고는 물 흐르듯 자연스럽고 매끄럽게 연결되어야 한다. 중복되거나 비약된 부분이 있다거나 페이지별로 모두 따로 놀고 있다는 느낌이 든다면, 청중들은 듣긴 하겠지만 '저 사람이 도대체 주장하고자 하는 바가 무엇일까?' 라는 의문을 계속 가질 것이다. 이러한 잘못을 개선하기 위해서는 1차 완성된 원고를 한 눈에 전부 볼 수 있게끔 한 후 점검을 해보면 큰 도움이 된다.

내용적인 측면

◎ 지루한 발표가 되지 않도록 구성한다.

프레젠터와 청중의 큰 차이점이 있다면 아마 프레젠터는 입에 침을 튀기면서 열심히 발표함에도 불구하고 청중들은 졸고 있다거나 별 관심을 보이지 않는다거나하는 것이 아니겠는가? 이런 상황에 부닥치다 보면 가슴이 참 아프기도 하고 그런 청중이 밉기까지 하다. 그러나 청중은 죄가 없다. 왜냐하면 프레젠터가 그렇게 만들었기 때문이다.

청중이 별 흥미를 갖지 못하는 부분에 대해 열심히 외친다거나, 이해하지 못하는 어려운 얘기만을 늘어놓으며 또 청중이 발표자보다 더 잘 알고 있는 얘기를 상세하게 설명하는 것 모두가 프레젠터의 잘못이다.

그러나 프레젠테이션을 지겹게 만드는 가장 큰 원인은 '지루한 내용구성' 이다. 지루한 구성은 준비한 자료를 모두 보여주어야겠다는 욕심 또는 필요 이상의 과다한 집착으로 인한 것으로 보면 된다.

◎ 청중들이 이미 알고 있는 내용을 많이 포함시키지 않는다.

이 역시 청중 분석의 중요성을 또 한 번 되새기게 하는 주의사 항이다. 사전에 과연 그들이 무엇을 알고 있으며, 무엇을 알기 원 하는지를 정확히 파악해야 한다. 발표를 통하여 청중이 이미 잘 알고 있는 부분에 대해 많은 시간을 소비한다면 분명 프레젠테이 션을 망치는 결과가 나올 수 있으니, 그들이 알고 싶어하는 내용 중심으로 원고를 구성해 나가야 한다. 특히 광고 프레젠테이션에 서 청중들이 더 잘 알고 있을법한 '시장상황'에 대해 장시간 언급 한다면 그들은 아마 인내심을 갖고 들어야 할 것이며, 내용 중 작 은 실수만 나와도 프레젠터가 곤경에 처할 수 있으므로 각별히 주 의를 기울이도록 하자.

◎ 필요 없는 내용은 과감히 삭제한다.

원고를 구성하다 보면 아마 가장 어려운 일이 준비한 내용을 삭 제하는 작업일 것이다. 물론 그렇다. 어렵게 구한 자료, 작성자 본 인 기준에서 볼 때 너무도 중요하고 꼭 필요하다고 판단되는 부분 을 어찌 쉽게 버릴 수 있겠는가? 그러나 누차 강조했듯이 전달하 는 입장이 아닌 듣는 입장에서 판단해 본다면 기준이 잡힐 것이다.

아깝다고 여기지 말고 지루하다거나 다음 내용이 훤히 들여다보이는, 또는 단순한 내용은 과감히 삭제하는 용기를 갖도록 하자.

또한 내용이 중복되지 않도록 해야 하는데, 구성을 완벽하게 하기 위한 목적으로 비슷한 말을 중복시키기는 일은 피해야 한다. 아주 작은 중복이라도 청중의 지겨움은 극대화되기 때문이다.

◎ 토론되지 않기를 원하는 사항은 포함시키지 않는다.

발표주제와 관련하여 상당히 자신 있는 부분이 있는 반면 언급조차 되지 않았으면 하는 부분이 있을 터인데, 후자의 경우라면 발표시간 동안 토론되지 않도록 유도해야 한다. 그 사항을 발표내용에 포함시킨다는 일은 '제 무덤 파기'가 되며, 내용에 포함시키고서 토론되지 않기를 바라는 기대는 단지 '희망사항'일 뿐이다.

◎ 너무 많은 정보를 준비해서 청중들을 압도하지 않는다.

물론 많은 자료를 보여준다는 것은 바람직한 일이다. 성의 있게 준비했다는 느낌을 주며, 프레젠테이션을 논리적으로 풀어나가는 데에도 도움이 된다. 그러나 너무 많은 정보를 제시하면 청중은 압도당한다는 기분을 갖게 되기 쉬우니, 두드러지고 간결한 요점으로 충격을 줄 수 있도록 구성하고 기타 정보나 자료는 제출용 보고서로 대신하자.

◎ 추가 설명이 필요하다고 예상되는 부분은 슬라이드를 별도로 마련하도록 한다.

본 발표내용에는 포함되어 있지 않지만 프레젠테이션이 끝난 후 질문에 대한 대답을 할 때 별도로 슬라이드를 준비하는 치밀함은 답변을 충실하게 만들어주는 효과적인 스킬이며, 신뢰감과 전문성을 동시에 획득하게 해준다. 동시에 프레젠터에게는 자신감을 부여한다.

◎ 나열이 아니라 집중을 한다.

기획서의 모든 메시지는 핵심 메시지를 중심으로 전개되어야 한다. 내용을 단지 열거만 해 놓아서는 안 된다. 즉, 한 기획서 내에 여러 개의 중요한 메시지가 나뉘어져 구성되어 있다면 도대체 무엇을 강조하려고 하는지가 전혀 보이지 않게 된다. 그러므로 반드시 핵심 메시지를 중심으로 전개하고 나머지는 그 핵심을 보충해 주는 역할을 해야 한다. 그렇지 않으면 프레젠터가 던진 그 많은 메시지를 청중들은 거의 기억을 못 할 것이므로, 꼭 전달하고 싶은 핵심이 무엇인지 하나를 정하여 집중하도록 하자. 분산된 느낌을 주는 구성은 절대 금물이다.

◎ 사례를 많이 든다.

앞에서 여러 차례 강조하였지만 가장 확실한 증빙자료는 '사례 (Case Study)' 이다. '사례'는 청중의 이해를 도와주며 주장에 대한 타당성을 제공한다. 최근의 사례일수록, 그리고 많은 청중들이 아는 사례일수록 그 효과는 더욱 커진다.

주의할 점은 말하고자 하는 내용과 연관을 갖고 있는 사례여야 한다는 것이다. 그렇지 않으면 청중에게 혼란만 가져다 줄 뿐이다.

◎ MECE 기법을 이용해본다.

MECE(Mutually Exclusive and Collectively Exhaustive)란 '어떤 사항을 중복 없이, 그럼에도 누락됨이 없는 부분의 집합체로 파악하는 것'을 의미한다. 원고를 작성할 때 MECE 기법을 이용한다는 것은 수집된 모든 자료를 핵심 포인트 중심으로 추리고 요약하여 압축되게 정리하는 것을 말한다. 이렇게 하면 중요한 부분은 놓치지 않으면서도 간략하게 정리된 논리적인 원고를 만들 수 있다.

표현

◎ 이해하기 쉬운 어휘를 사용한다.

전문적이고 학술적인 용어 등이 멋있어 보이고, 또 지식을 자랑하고 싶어서 쉬운 단어도 때때로 어려운 어휘로 대신하는 사람이 있다. 그러나 메시지를 전달받는 청중들은 프레젠터 본인만큼 전문적이지 못하며, 그들이 이해하지 못한다면 아무리 좋은 말이라도 소용없다. 쉬운 단어로 청중에게 이야기하듯 구성해야만 보는 이도 편해지며 이해도도 높아진다. 전체적인 구성도 소홀히 해서는 안 되지만, 단어 하나하나까지 신경을 써서 원고 전체가 한 권의 읽기 쉬운 동화책을 보는 듯한 느낌이 들도록 해야 한다.

◎ 영문 이니셜이나 특수·전문용어, 약어 등은 가급적 사용하지 않도록 하자.

원고를 작성하다 보면 영문 이니셜을 가끔 사용하게 된다. 이미 일반화되어 있는 영문 이니셜(Initial)은 군이 풀어서 설명해주지 않아도 되지만, 일반인들 또는 발표자와 그 종사 분야가 다른 청중들에게 실시하는 프레젠테이션에서 영어 이니셜이나 특수·전문용어, 약어 등을 사용하면 의미가 제대로 전달되지 못할 때가 허다하다. 많은 청중들이 그 용어를 이해하지 못한 상태에서 정확한 뜻을 물어보지도 못하고 끝까지 듣고 있는데 이처럼 안타까운 일이 없다. 프레젠터 임의대로 "쉽게 알아듣겠지."라고 판단해서는 곤란하다. 발표가 끝난 다음 그 용어의 정확한 의미에 대해 질문을 하면 어떻게 되겠는가? 그처럼 당황스러울 때가 또 있겠는가?

또한 같은 영문 이니셜이라 할지라도 업종에 따라 다른 의미로 사용되므로 주의해야 한다. 한 사례로 'SI'라는 이니셜은 업종에 따라 System Integration, Store Identity, Sound Identity 등 여러 의미로 사용되고 있다.

◎ 추상적인 어휘는 사용하지 않는다.

추상적이라 함은 구체적이지 못하고 애매모호하다는 말이며, 이는 핵심과 확신이 없다는 의미다. 원고 작성자가 자신감이 없을 때 추상적인 어휘를 자주 사용하게 된다. '차별화 전략', '시장 지배력 강화', '매출액 증대', '브랜드 이미지 제고' 등이 그 사례들이다. 이런 표현들은 발표를 장황하게 만들기 때문에 반드시 피해야 하는 어휘이다. 대신 직접적이고 구체적인 방법론 중심으로 구성하자.

◎ 적절한 문장 형태를 사용한다.

원고작성 시 사용되는 문장에 따라 메시지의 전달 정도도 차이가 나므로 전체적인 흐름에 적합한 문장을 선택하여 사용하도록 해야 한다.

그리고 제출용 보고서와 발표용 원고의 문장 형태는 분명히 달라야 하는데, 그 이유는 설명이 덧붙여지는 프레젠테이션 원고와 단지 읽어보기만 하는 보고서와는 그 구성이 차이가 나기 때문이다. 그러면 문장의 종류에 대해 살펴보자.

※ 완전한 문장

완전한 문장(Complete sentence)은 주어, 목적어, 동사, 형용사 또는 부사 등 모든 단어를 포함시킨 문장이다. 이렇게 완전한 문장으로만 구성하면 양이 많아지고 복잡해지기 때문에 일반적인 프레젠테이션에서는 거의 사용하지 않는다.

프레젠터가 모든 내용을 자세히 볼 수 있다는 장점도 있으나 바람직한 방식은 아니다. 단, 소비자 조사 결과에서 나온 대답을 인용한 문구(Direct quote)라든지 핵심 문구 등을 서술할 때 사용하면 효과적이다. 그리고 완전한 문장의 끝에는 마침표를 사용하지 않는 것이 좋다. 그 이유는 사고의 흐름이라든지 이해의 속도를 저해시키기 때문이다.

※ 반문장

완전한 문장을 압축하여 주요 단어들로만 구성하여 만든 문장이 반문장(Half sentence)이다. 가장 흔히 사용하는 문장으로 프레젠터가 내용을 기억하는 데 충분한 도움을 주며, 청중을 어느 정도 집중시킬 수 있다는 장점도 가지고 있다.

※ 키워드

2~3개의 핵심 단어(Key word)만으로 구성된 문장이며, 제출용 보고서가 아닌 발표원고에 한하여 사용해야 한다. 어떻게 보면 참 쉽게 작성할 수 있는 형태라고 생각을 하겠지만 실은 굉장히 어려운 작업이다. 스크린에 떠 있는 몇 개의 단어만을 참고로 해서 발표를 진행해야 되기 때문에 엄청난 연습과 풍부한 경험이 뒤따르지 않고서는 쉽게 사용하지 못하는 방식이기도 하다.

키워드만으로 구성하였을 때의 가장 큰 장점은 청중의 관심을 충분히 집중시킬 수 있다는 것이다. 스크린 상에서 단어 몇 개 외에는 별로 볼 게 없기 때문에 자연히 프레젠터에게 시선이 집중된다.

또한 융통성을 발휘할 수 있다는 장점도 있다. 완전한 문장으로 구성되어 있을 때는 스크린에 있는 문장 그대로 설명해야 하지만, 키워드로만 구성되어있을 때에는 그 단어들을 가지고 마음껏 상황에 맞게 조절하여 설명할 수 있기 때문이다.

※ 세 가지 문장 타입의 조합

한 원고 내에 위의 세 문장을 조합(Combination)하여 사용하는 방식으로 일관성만 잘 지켜진다면 효과가 크다. 그래서 가장 많이 사용하는 방식이다.

레이아웃과 포맷

◎ 모든 페이지를 천편일률적으로 구성하지 않는다.

발표원고는 통일성을 가져야 한다. 각 페이지의 제목이라든지 본문 위치 등 기본적인 레이아웃(Layout)은 처음부터 끝까지 같은 형식으로 구성해주어야 한다. 그러나 모든 페이지의 세부 구성마저 똑같게 처리한다면, 청중들의 시선은 금방 피곤해지며 특히 페이지별 구분이 어려워지게 된다. 각 페이지마다 나름대로의 특징을 주도록 하자.

◎ 한 페이지에 너무 많은 메시지를 담지 않는다.

한 페이지에 이것저것 많은 메시지가 담겨 있다면 그것은 바로 "아무 것도 보지 마십시오."라는 말과 똑같다. 'One slide, One topic' 원칙을 따르자. 한 페이지에는 하나의 주제만 담아야지 그렇지 않으면 시원하고 명쾌하게 구성을 하려고 해도 쉽게 되지 않는다.

그리고 가능하면 한 슬라이드 안에 문장이 8줄을 넘지 않도록 해야 한다. 꼭 한 페이지에 모두 넣고 싶어도 두 페이지 이상으로 나누어서 복잡하지 않도록 구성하자. 즉, 화면 구성을 옥외 광고처럼 시원하게 구성하는 것이 좋다. 시내를 다니면서 건물 옥상에 있는 옥외광고를 보면 멀리서도 그 핵심 내용이 쉽게 눈에 띄지 않는가? 발표원고도 마찬가지다. 시원시원하게 한 눈에 알아볼 수 있도록 작성하자.

그러기 위해서는 글자 크기가 커야 된다. 각 슬라이드의 타이틀은 30~36포인트 이상이 되어야 하며, 본문은 최소한 20~24포인트 이상 되는 크기로 구성하라고 권장하고 싶다. 그리고 슬라이드 아래 부분에는 글자를 위치시키지 않는 것이 좋은데, 뒤에 있는 참석자들에게는 잘 보이지 않기 때문이다. 특히 중요한 키워드는 1/4 하단부에 넣지 않아야 한다. 모든 참석자들이 스크린에 있는 내용을 바로 옆에서 보는 게 아니라는 사실을 항상 염두에 두자.

◎ 서체와 컬러는 일관성을 가져야 한다.

원고의 각 슬라이드별 타이틀과 내용에 있어 서체가 일관성을 가져야지 그렇지 않으면 산만한 느낌을 주게 된다. 그리고 서체는 주 서체와 보조서체 등 2~3가지 정도로 제한하여 사용하도록 하되, 너무 화려한 서체는 피하도록 하자.

그리고 컬러도 주색과 보조색 등 2~3가지로 제한해서 사용하는 것이 좋다. 단색으로만 구성하면 강조할 부분의 표시가 힘들어지고 내용의 가치도 떨어지므로 반드시 컬러로 구성하도록 한다. 그렇다고 너무 많은 컬러를 사용하면 어지럽게 보일뿐만 아니라 슬라이드 전체 이미지도 손상된다.

◎ 배경화면을 너무 현란하게 처리하지 않는다.

배경화면이 너무 튄다거나 화려하고 복잡하다면 청중들의 시선이 배경화면으로 집중되고 내용에 대한 관심도 및 신뢰도가 떨어질 가능성이 높다. 따라서 배경화면은 단색으로 단순히 처리하도록 하자. 컬러는 짙을수록 좋으며, 이 때 글씨는 가독성을 높이기 위해 밝은 계통의 색을 선택해야 한다.

그러나 발표장이 매우 밝은 상태라면 밝은 바탕의 배경화면과 어두운 계통의 글씨를 사용하는 것이 좋다. 왜냐하면 밝은 곳에서는 어두운 배경화면과 글자가 모두 잘 보이지 않기 때문이다.

◎ 문자보다는 그림 위주로 구성한다.

발표원고가 문자로만 가득히 구성되어 있다면, 읽고 싶은 마음이 순식간에 사라질 것이다. 모든 페이지를 그림으로 구성하는 방식도 바람직하지 않지만, 가급적 많은 부분에서 내용에 적합한 그림이나 도표 등을 선택하여 구성한다면 큰 효과를 거두게 된다. 그림은 문자보다 전달력이 빠르며 설득력을 높여 주는 동시에 듣는 이들을 덜 지겹게 하기 때문이다. 또한 발표가 끝난 후에도 청중의 머릿속에 그 이미지가 오래 남도록 하는 효과가 있으며, 복잡한 내용을 단순화시켜주고 집중력도 높여준다.

그림으로 구성할 때 픽토그램(Pictogram)을 사용하면 큰 효과를

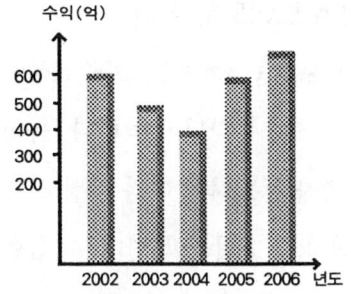 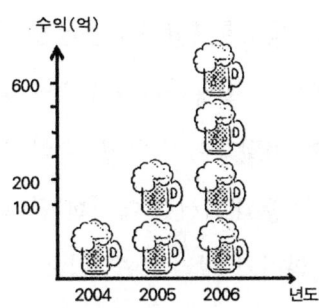

얻을 수 있다. 픽토그램이란 그림을 뜻하는 '픽토(Picto)'와 전보를 뜻하는 '텔레그램(Telegram)'의 합성어로서 그림문자의 일종이다. 사물, 행위, 개념 등을 그림문자로 나타내 의미를 시각적으로 쉽고 빠르게 인식할 수 있도록 만든 상징문자로서, 우리가 일반적으로 사용하는 막대그래프라든지 선, 점그래프보다 시각적으로 매우 큰 효과를 낼 수 있다. 예로 맥주시장의 연도별 매출액을 나타내는 그래프를 그릴 때 일반 그래프 대신 맥주병이나 생맥주잔 모양을 이용하여 그래프를 만든다면 훨씬 더 매력적으로 보일 수 있으며 이해도도 높아진다.

또한 파워포인트에서는 내용과 관련된 클립아트(Clip art)를 활용하면 효과적으로 메시지를 전달할 수 있으므로, 평소 그룹별로 분류하여 많은 그림들을 수집해 놓았다가 적절하게 사용하도록 하자.

◎ 중요한 단어나 문장은 부각시켜 보이도록 한다.

강조하고자 하는 핵심 단어나 문장은 청중들에게도 그 중요성이
쉽게 전달되어야 하며, 슬라이드 상에서도 부각되어야 한다. 특히
한 문장 내에서는 어떠한 단어에 강조를 두느냐에 따라 문장 전체
의 의미가 달라질 수 있으므로 세심하게 고려해야 한다. 다음은
효과적으로 부각시키는 방법들이니 참고하기 바란다.

- ⇨ 글자 크기를 키운다.
- ⇨ 글자체를 달리한다.
- ⇨ 컬러를 달리한다.
- ⇨ 밑줄을 친다.
- ⇨ 사체(Italic체, 기울임체)로 처리한다.
- ⇨ 그림자를 준다.
- ⇨ 진하게(Bold) 표시한다.
- ⇨ 사각형 내에 넣는다.
- ⇨ 괄호나 꺾쇠, 따옴표를 사용한다.
- ⇨ 한자나 영어단어를 이용한다.
- ⇨ 아트워크(Artwork)를 이용해 본다.

위 방법 중 하나만 선택하여 이용해야 하며, 두 가지를 동시에
사용하면 오히려 역효과가 일어나니 주의하도록 하자.

◎ 디자인적인 측면도 상당히 중요한 비중을 차지한다.

요즈음은 발표원고의 디자인에 대해서도 꽤 큰 비중을 두고 작업하고 있다. 디자인이 아주 훌륭하다면 청중에게 전문성과 함께 큰 매력을 안겨줄 수 있으며, 집중도도 훨씬 높아진다. 단지 파워포인트로 작성하는 방법도 있지만, 매킨토시의 일러스트레이션과 포토샵 프로그램을 이용하여 작성한 다음 파워포인트로 옮겨서 구성한다면 큰 효과가 있을 것이다.

기타 주의사항

◎ 범례는 꼭 명기해 주어야 한다.

원고를 구성하다 보면 대개 X축과 Y축으로 된 그래프 등이 많이 들어간다. 이 때 X축은 연도, Y축은 매출액 등을 표시하는데 '누구나 알고 있겠지.' 라는 생각으로 생략을 하면 곤란하다. 때때로 범례(Introductory remarks)에 대한 질문이 나오기도 하기 때문이다.

◎ 오탈자는 하나라도 있어서는 안 된다.

발표원고 중 오탈자가 하나라도 나온다면 청중들은 자기를 무시한다거나 발표 준비에 있어 성의가 부족했다고 생각하며, 발표내용에 대한 전문성 및 신뢰도도 떨어뜨리므로 각별히 주의해야 한다.

혼자서 아무리 점검하고 또 점검한다 하더라도 1~2개의 오탈자는 종종 나오기 마련이기 때문에 반드시 남에게 검증을 받아야한다. 오탈자는 습관이다. 항상 실수를 범하는 사람들은 잘 고쳐지지 않는다는 점을 명심하고 특히 주의하도록 하자.

◎ 제출된 기획서에는 매 페이지마다 번호를 삽입해 준다.

페이지 번호는 질의응답 시간에 그 빛을 발휘한다. 답변이 원고에 담겨져 있는 내용이라면, "몇 쪽을 보십시오."라는 말로써 대답을 시작할 수 있다. 그러나 페이지 번호가 삽입되어 있지 않다면, 질문자나 프레젠터 모두 기획서를 넘기며 그 페이지를 찾는다면 청중이 산만해지는 상황을 분명히 맞게 될 것이다.

◎ 메모리카드(발표 노트)를 사용할 계획이라면 키워드만으로 구성하자.

메모리카드는 프레젠테이션을 진행하면서 말해야 할 내용을 빠지지 않고 전달하기 위해 가끔씩 참고하는 도구이다. 물론 메모리카드를 사용하지 않고서도 발표할 수 있다면 더할 나위 없겠지만, 충분히 암기를 했다 하더라도 완벽하게 되지는 않으므로 상황에 따라 메모리카드를 준비하는 방법도 좋다. 또한 메모리카드의 효율적인 사용은 오히려 발표분위기를 부드럽게 만들며 전문가다운 이미지를 제공하므로 긍정적인 효과를 가져다주기도 한다.

　주의할 점은 반드시 키워드만으로 구성을 하라는 것이다. 완전한 문장을 적어 놓으면 본능적으로 그 문장을 읽게 된다. '참고만 하면 되겠지.'라고 생각할 수도 있는데 막상 프레젠테이션을 하다 보면 적혀 있는 그대로 읽기가 쉽다. 자연히 재미가 없어지고 책 읽는 듯한 스피킹이 된다. 이를 방지하기 위해서 키워드만 간략하게 적어서 구성하도록 하자.

◎ 파워포인트에서 애니메이션을 효율적으로 사용하되 과다하게 사용하지 않도록 하자.

　스크린에 내용이 뜨는 즉시 청중들이 순식간에 그것을 쳐다본 후 딴 생각을 하기를 바라는 프레젠터는 아무도 없을 것이다. 욕심 같아서는 자신이 하는 모든 말에 촉각을 곤두세워 주기를 바란다. 그러나 이러한 바람이 말 그대로 단지 '욕심'으로 끝나게 되는 경우가 많다.

　불행히도 거의 모든 청중들은 스크린에 내용이 올라오면 좌측 상단에서 우측하단 대각선 방향으로 삽시간에 훑어 내리고 만다. 그리고는 자기 나름대로의 판단을 한 후 '다음 슬라이드에는 또 뭐가 나올까?'라는 짐작도 해본다. 이런 현상을 억지로 막지는 못하지만 애니메이션(Animation)이 많이 해결해 준다. 애니메이션을 효과적으로 사용하면 집중시키기가 쉬우며 느낌도 풍성하게 해준다. 게다가 지루해지기 쉬운 발표를 생기 있게 할 수도 있다. 펼치기, 날아오기 등 다양한 기법이 있어 재미요소도 더해주며, 설명에 해당되는 부분만 보여줄 수 있으므로 효과적이다.

그러나 이 기법이 너무 많이 사용되면 장난스럽고 산만한 느낌마저 들게 하며, 오히려 발표 자체에 집중하기가 힘들어진다. 프레젠테이션이란 애니메이션 쇼를 보여주는 자리가 아니므로 필요한 부분만 선택하여 강력하게 사용하도록 하자.

◎ 바탕화면에 발표와 무관한 아이콘은 보이지 않도록 한다.
참석자들이 회의실에 입장하기 전에 슬라이드 첫 페이지를 세팅해 놓은 상황이 아니고, 그들이 보고 있는 상황에서 기자재를 설치한다면 제일 먼저 노출되는 화면은 컴퓨터의 바탕화면이다. 또한 발표가 끝나고 다른 파일 열기를 할 때에도 바탕화면을 거치는 경우가 많다.

그런데 이 바탕화면에 프레젠테이션과 무관한 다른 파일명으로 된 아이콘이 보이면 좋지 않다. 특히 파일명이 청중과 경쟁 관계에 있는 회사명이라든지 오락게임 등과 관련된 아이콘이 보이면 나쁜 이미지를 줄 우려도 있으니, 바탕화면에 새 폴더를 하나 만들어 관련 없는 파일을 모두 담아 두도록 하자. 또한 바탕화면에 개인적인 사진이 떠 있는 모습도 공식적인 느낌을 사라지게 할 수 있으니 깨끗하게 처리해 두는 것이 좋다.

슬라이드 연습

이렇게 해서 완성된 Slide는 발표 전에 반드시 빔 프로젝터를 통하여 스크린에 비춰보아야 한다. 이유는 컴퓨터 모니터 상에서 보는 것과 많은 부분에서 차이가 나기 때문이다. 모니터는 스크린에 비춰지는 화면보다 그 해상도가 높기 때문에 색상이라든지 글자체 등의 차이가 날 수 있다. 예로 특정 글자체의 경우, 모니터 상에서는 매끄럽게 잘 보이지만 스크린 상에서는 글자가 거칠게 보이기도 한다. 또는 모니터 상에서는 잘 보이는 그림이나 선 등도 스크린 상에서는 그 가독성이 굉장히 떨어지는 경우도 많으므로 발표 전에 점검을 해서 수정 보완을 하도록 하자.

이상 발표원고 작성법에 대해 차근히 알아보았다. '얼마나 훌륭한 내용으로 구성하느냐?' 못지않게 '얼마나 효율적으로 작성할 것인가?' 라는 점도 상당히 중요하다는 것을 알게 되었다. 내용전달도 완벽히 이루어지고, 청중에게 매력적으로 느껴지도록 작성해 보자.

7단계 연습

　발표원고 작성까지 끝났으면 이제 준비의 마지막 단계인 연습을 거쳐야 한다.

　프레젠테이션을 잘하기 위해서 아무리 강조해도 지나치지 않은 요소가 있다면 바로 꾸준한 연습일 것이다. 연습은 자신을 더 뛰어난 발표자로 만드는 가장 빠르고 쉬운 길이다. 대부분의 프레젠테이션은 연습을 통하여 미비점과 문제점이 많이 보완되고, 그 결과 거의 완벽에 가까운 결과를 얻게 된다. 편안한 프레젠테이션, 자신 있는 프레젠테이션, 여유 있는 프레젠테이션 그리고 설득적인 프레젠테이션, 이 모두가 연습으로부터 나온다. 아무리 경험이 풍부한 전문가일지라도 연습과정이 없으면 깊이 있고 설득적인 프레젠테이션을 하기가 힘들다. 물론 매우 많은 발표 경험이 있다면 연습양이 많지 않아도 어느 정도는 잘 하겠지만, 경험이 별로 없다면 엄청난 양의 연습이 꼭 필요하며 자기 몸에 완전히 익혀질 때까지 끊임없는 연습과정을 거쳐야만 한다. 따라서 나중에 경험이 쌓여서 연습 없이도 발표를 잘 하게 되기 전까지는 꾸준히 연습하는 습관을 기르도록 하자.

그러면 연습이 꼭 필요하다는 진리를 알면서도 왜 잘 안할까? 안 해서일까? 아니면 못 해서일까? 물론 안 해서이기도 하고 못 해서 이기도하다. 먼저 안 하는 이유를 살펴보자.

첫째, 연습의 중요성을 인식하지 못해서이다.

충분한 연습 없이 발표를 한 후 스스로를 부끄러워해 본 적이 있는가? '연습을 조금이라도 할 걸……' 이라는 후회를 해 본 적이 있는가? 한 번이라도 있다면 그는 연습의 중요성을 알게 된 사람이다. 그리고 연습을 많이 한 후 발표를 했는데 그 결과가 만족스러웠다면 '연습의 맛' 을 충분히 인식한 사람이며, 그런 프레젠터들은 연습 없이는 절대 발표하지 않는다.

둘째, 비전문가처럼 보이기 싫어서이다.

이는 엄청난 착각이 아닌가? 연습을 한다는 것이 왜 비전문가처럼 보인다는 말인가? 운동 선수 중에서도 유명한 프로 선수들은 하루도 쉬지 않고 끊임없이 훈련하고 또 훈련함을 잘 알고 있지 않은가? 이유는 당연히 실력을 유지하고 더욱 발전시켜나가기 위해서이다.

프레젠터도 마찬가지다. 경험 많은 고수들이 실전을 앞두고 열심히 연습하는 모습을 보면 진정한 프로 같다는 생각을 갖게끔 한다. 정말 연습하는 모습을 보이기 싫다면 혼자만의 공간에서 해도 되지 않는가?

셋째, 귀찮아서이다.

뭐니 뭐니 해도 가장 큰 이유는 바로 '귀찮아서' 일 것이다. '당일 날 적당히 때우면 되지 뭐, 내가 직접 기획하고 작성했는데 어떻게 잘 되지 않겠어? 한 두 번 하는 것도 아닌데 눈으로 대충 읽고 가면 되지 뭐.' 라는 오만한 생각으로 연습을 하지 않게 된다. 그러나 실패를 한 후 뜻대로 되지 않았음을 뼈저리게 느끼곤 한다.

그러면 또 연습을 못하는 이유는 무엇일까?

연습을 하고 싶어도 못하는 이들이 꽤 된다. 꼭 해야겠다고 몇 번을 다짐했건만 잘 안 되는 것이다. 이유는 단 한 가지, 바로 연습할 시간을 내지 못했기 때문이다. 스케줄에 연습을 위한 시간을 미리 배정해 놓았건만 끝끝내 연습을 한 번도 못하고 발표장으로 향한다. 왜일까? 이유는 바로 빡빡한 스케줄 때문이다. 따라서 준비기간 중 마지막 며칠은 없다고 생각하자. 물론 이 날짜들은 연습을 위해 일부러 마련한 시간이다. 그러나 발표 전날 두 시간 정도만 비워 놓고 연습하겠다고 계획하면 십중팔구 하지 못하게 된다. 마지막 최종 수정이라는 과정이 기다리고 있으며, 그 두 시간을 수정하는 데 모두 소비해버릴 것이기 때문이다. 따라서 연습을 위한 '특별한 배려' 를 해야 할 필요가 있다.

그러면 연습에 대한 구체적인 사항들을 살펴보기로 하자.

연습의 중요성

연습은 두려움을 없애주고 내용을 완벽하게 전달하기 위해 꼭 수반되어야하는 과정이다. 다음과 같은 생각을 한 번이라도 해본 다면 연습을 거치지 않는 프레젠테이션이란 상상도 못할 일이다.

◎ Practice does make perfect presentation(연습은 완벽한 프레젠테이션을 만들어 준다).

물론 완벽한 프레젠테이션이란 프레젠터 본인과 청중이 생각하는 바가 꼭 일치하지는 않겠지만, 프레젠터 본인이 판단하기에 '후회 없는 발표' 를 했다는 점이 중요하다고 본다. 이는 즉, 스스로 판단하기에 준비한 모든 사항을 완벽히 전달했다는 느낌을 갖는 것이다. 발표가 끝나고 나서도 뭔가 개운치 않은 기분이 드는 이유, 그리고 아쉬움이 남는 가장 큰 이유는 거의 연습 부족에서 기인한다고 보면 된다.

스스로에게 자신감을 부여하고 감동적인 프레젠테이션을 하기 위해서 꼭 필요한 과정이 바로 '연습' 임을 잊지 않도록 하자.

◎ The best tool for combating nervousness is 'Knowing your material' (긴장감을 이길 수 있는 최선의 방법은 준비한 모든 내용을 완벽히 이해하는 것이다)!

큰 규모든 작은 규모든 발표를 앞두고 프레젠터들이 긴장하게 되는 것은 너무나 당연한 일이다. 문제는 긴장을 한다는 그 자체가 아니라, 어떻게 하면 그 긴장감을 이겨 내느냐 하는 것이다. 발표가 시작되어서도 그러한 긴장감이 수그러들지 않는다면 자연스러움은 포기해야 한다.

긴장감을 없애는 가장 빠른 길이 바로 연습이다. 많은 연습을 거침으로써 얻게 되는 혜택은 내용을 완전히 나의 것으로 소화시키는 것이며, 이는 곧 프레젠터에게 자신감을 부여한다는 의미와도 일맥상통한다. 연습을 충분히 하지 않고서 내용을 완벽히 이해한다는 일은 거의 없다고 보면 되겠다.

◎ Practice, practice, practice prior to presentation(발표를 앞두고 연습을 반복하고 또 반복하자).

반복되는 연습은 핵심 포인트를 잊지 않고 전달하게 해줌과 동시에 발표를 정해진 시간 내에 마칠 수 있도록 해주며, 객관적인 시각도 갖게 해준다. 즉, 최고의 프레젠테이션을 만들기 위한 왕도(王道)다. 여러분들도 너무나 잘 아는 이야기지만 실천에 옮기도록 노력하는 길 밖에 없다.

연습을 효율적으로 하는 방법

◎ 원고를 눈으로만 읽지 말고 큰 소리 내어 읽어보자.

우리 몸의 모든 근육은 동작에 대해 기억을 하도록 되어있다. 혀도 근육으로 이루어져 있기 때문에 발음해 본 단어를 기억한다. 따라서 눈으로만 읽기보다는 입으로 직접, 그것도 큰 소리로 읽으면서 연습하도록 하자. 이는 원고에 나오는 모든 단어를 혀로 하여금 기억을 시켜 실제로 프레젠테이션할 때 큰 도움을 준다. 눈으로만 읽으면서 '어떻게 되겠지.' 라는 생각은 10년 이상의 경험을 쌓고 난 후에나 기대해보도록 하자.

소리 내어 읽을 때의 또 하나의 장점은 문장을 매끄럽게 수정할 수 있다는 것이다. 즉, 눈으로만 읽어 내려갔을 때는 발견되지 않는 문장의 어색함을 소리 내어 읽었

을 때는 금방 알 수 있으므로 문장을 자연스럽고 매끄럽게 고칠
수 있다.

◎ 발표하고자 하는 모든 말들을 글로 직접 적어보자.

청중은 눈으로는 스크린에 있는 글들을 보지만 귀로는 프레젠터
의 말을 듣는다. 즉, 눈으로 보지 않는 많은 부분을 귀로 듣는 것
이며, 프레젠터는 발표 중 이러한 부분을 모두 기억하여 자연스럽
게 전달해 주어야 한다. 따라서 슬라이드를 통하여 스크린에 올라
오지 않는 내용을 포함하여 말하고자 하는 한마디 한마디를 시나
리오처럼 일일이 모두 적어서 읽어보는 방식을 권장하고 싶다. 이
는 프레젠터로 하여금 아주 작은 내용까지도 기억나게 하는 노하
우이기도 하다.

◎ 주위의 조언을 많이 구하도록 하자.

남들은 자신이 보지 못하고 느끼지 못하는 점들에 대해 객관적
인 점검을 잘 해 주는데, 연습과정에서는 특히 이러한 평가가 돋
보인다. 프레젠터는 본인이 노력을 매우 열심히 했다고 생각하기
때문에 완벽에 가깝다고 판단하지만, 그럴수록 허점이 많이 생기
는 법이다. 즉, 혼자서 완벽히 준비한다는 것이란 힘들기 때문에
반드시 타인에게 검토를 받아야 한다.

타인에게 검토를 받으면서 가장 빈번하게 지적되는 문제점은 바로 '객관화(客觀化)' 되지 않았다는 것이다. 검토하는 동료들이 '이게 도대체 무슨 얘기야?' 라는 의문을 자주 갖는데, 이는 프레젠터 자기 머릿속의 논리만으로 구성을 했기 때문이다. 따라서 혼자서 하는 연습도 필요하지만 팀원과 상사에게 조언을 많이 구해야 한다. 항상 객관화된 표현, 설득적인 흐름으로 접근해야 함을 잊지 말자.

그러면 여기서 두 부류의 평가그룹에 대해 살펴보자.

※ 전문가 그룹(Knowledgeable test audience)

이들은 발표주제에 대해 어느 정도 이해를 하고 있는 그룹으로 내용 자체에 대한 평가를 세심하게 해준다. 단, 주제에 너무 몰입하여 발표기술 자체에 대한 평가를 놓치기도 하니 이를 감안하도록 하자.

※ 초보자 그룹(Naive test audience)

이들은 발표주제에 대해 전문적인 지식을 갖고 있지 않은 사람들이거나 일반인들로서 내용에 대한 평가보다는 전반적인 논리적 흐름과 특히 발표 기술에 대해 꼼꼼히 평가를 해줄 수 있다.

가능하다면 위 두 그룹 모두를 대상으로 연습해 보는 것을 권장하고 싶다.

◎ 발음이 어려운 단어나 문장은 집중적으로 연습하여 숙달
하도록 해야 한다.

평상시 발음하기 힘든 단어나 문장이라고 한다면 긴장 상태에서
는 자연스럽게 나오기가 더욱 어렵다. 따라서 발음을 할 때 혀가
약간 꼬인다는 느낌이 드는 단어나 문장이 있다면 집중적으로 연
습하여 '혀가 잘 기억' 하게끔 만들어야 한다.

뉴스앵커들을 보자. 그들에게는 단 한 번의 혀 꼬임도 치명적이
기 때문에 최종 방송 원고는 그들이 직접 편집한다고 한다. 그 이
유는 자신이 발음하기 힘든 단어는 쉬운 단어로 대체한다든지 삭
제해야 하기 때문이다. 그러나 꼭 필요한 단어라면 수십 번 연습
하여 자연스럽게 발음할 수 있을 정도까지 만든다. 프레젠테이션
연습도 똑같은 원리로 생각하면 되겠다.

◎ 녹음된 목소리를 들어 본다.

이 세상에서 가장 듣기 싫은 목소리가 있다면 바로 녹음된 자신
의 목소리가 아니겠는가? 듣는 이들은 평소 때의 목소리와 똑 같
다고 하지만 정작 자신은 아니라고 우긴다. 이는 말할 때 자신의
귀를 울리면서 듣기 때문에 타인이 듣는 소리와는 차이가 나기 때
문이다. 프레젠테이션을 할 때는 자신의 목소리를 본인이 아닌 청
중들이 듣는다는 사실을 감안해야 하며, 따라서 객관적인 차원에

서 자신의 목소리를 평가해야 한다. 이렇게 함으로써 잘못된 언어 습관을 고칠 수 있으며, 톤, 빠르기 등의 교정도 가능하다.

외모야 항상 거울을 보면서 수시로 점검하지만, 목소리는 그렇지 않다는 점도 염두에 둬야겠다. 비디오 촬영이라든지 녹음을 통하여 자신의 목소리에 대해 정확히 파악한 후, 점진적으로 개선해 나가도록 하자.

◎ 가능하면 발표 장소에서 직접 연습해 보자.

인간은 기본적으로 환경에 의해 분위기를 많이 탄다. 운동경기에서도 '홈그라운드의 이점'이 있듯이 익숙한 환경과 처음 접하는 환경 간에는 차이가 많이 난다. 따라서 익숙한 발표장이 아니라면 사전에 발표장을 방문해 볼 기회를 갖는 것이 좋은데, 한 번이라도 가 본 곳은 불안감과 긴장감을 줄어들게 만들고 여러 가지 시설 등도 함께 점검을 해 볼 수 있기 때문이다. 그리고 마주보게 될 청중의 위치와 발표자 자신의 동선계획 등을 미리 숙지할 수 있는 기회이기도 하다. 특히 조명이라든지 채광, 그리고 콘센트 등 전기시설 등을 점검해 보는 것은 꼭 챙겨야 할 부분이다.

연습의 종류와 횟수

연습의 종류와 횟수는 발표 규모에 따라 그리고 프레젠터의 경력에 따라 달라져야 하지만, 다음은 권장할 만한 과정과 횟수이니 참고하기 바란다.

※ Private rehearsal(혼자서 하는 연습) : 3회

이는 완성된 발표원고를 가지고 혼자서 해보는 연습이다. 연습의 1단계이기 때문에 암기가 잘 되어 있지 않은 상황이므로 암기 위주로 실시해야 하며, Non-verbal elements(비언어적 요소)를 어떻게 할 것인가 등을 연구하는 단계다.

그리고 자신감을 갖기 위해 거울 앞에서 혼자 연습해 보도록 하자. 이는 자신이 발표하는 모습을 객관적으로 볼 수 있는 기회를 제공하며, 문제점을 스스로 고칠 수도 있다.

※ Recording rehearsal(녹음 연습) : 3회

어느 정도 암기가 되면 원고를 보지 않고 연습을 해야 하는데, 이때는 녹음을 해 본다. 녹음된 목소리를 직접 확인해서 삭제해도 괜찮을 부분, 고쳐야 할 부분 그리고 강조해야 할 부분 등을 점검해 나간다.

※ Team rehearsal(팀원 앞에서 하는 연습) : 3회

이제 남 앞에서 처음으로 연습을 해 보는 단계다. 이 때는 객관적인 평가가 처음으로 이루어지므로 프레젠터에게 굉장히 큰 도움이 되는 시간이기도 하다. 세상에 완벽한 사람이란 없으므로 남들이 객관적으로 평가해 주는 사항들은 가급적이면 받아들여야 한다. 특히 팀원들은 프로젝트에 대해 깊숙이 관여를 했으므로 내용적인 측면에서 큰 도움이 될 수 있다. 프레젠터의 직위 고하를 불문하고 Team rehearsal은 반드시 이루어져야하며, 팀원들은 이 때 반드시 충고를 해 주어야만 한다. 칭찬은 별 도움이 되질 못한다.

※ Video rehearsal(비디오 촬영 연습) : 2회

비디오 리허설은 자신의 표정과 자세, 행동 그리고 목소리까지 확인시켜 준다. '아니 내가 저런 버릇이!', '내 자세가 저렇게 엉거주춤할 수가!' 별 부끄러운 장면이 다 나온다. 더군다나 습관이라는 것은 오랜 시간 반복되면서 자연스럽게 형성된 것이기 때문에 순식간에 고치기가 힘들다. 따라서 시간을 두고 개선해 나가야 하며, 비디오 리허설은 자신의 잘못된 습관을 객관적으로 볼 수 있는 대단히 좋은 기회다. 좀 귀찮은 과정이기는 하지만 반드시 거칠 것을 권장하며, 다른 사람이 촬영하는 것이 정 부담이 된다면 비디오를 한 곳에 설치하고 스스로 촬영하는 방법도 가능하겠다.

※ Final rehearsal(최종 리허설) : 1회

이제 모든 준비가 끝나고 발표시간이 임박했다. 타사에 가서 발표를 하는 경우라면, 자사 경영진 앞에서 마지막으로 "프레젠테이션을 이렇게 하겠다."라는 보고를 해야 한다. 이때는 연습을 한다는 마음보다는 '실제 프레젠테이션을 한다.'라는 자세로 임해야 한다. 즉, 첫 멘트부터 질문과 응답까지 실전을 한다는 마음가짐을 갖고 실시하도록 하자.

고려해야 할 점은 이 때도 수정 사항이 꼭 나온다는 것이다. 최고경영자가 수정 지시를 했기 때문에 무시할 수도 없고, 그렇다고 수정을 하자니 시간이 없고……. 정말 곤혹스러워진다. 그러나 이런 경우가 생긴다면 지혜롭게 잘 헤쳐 나가야 한다. 수정을 하여 전체 흐름이 깨진다면 절대로 수정을 해서는 안 되며 소신을 갖고 밀어붙여야 한다. 그렇지 않으면 그 동안 심혈을 기울여 준비해 온 모든 과정이 수포로 돌아갈 확률이 높기 때문이다. 그러나 최고경영자들은 오랜 경험으로 인하여 청중(Client)의 마음을 정확히 읽을 수 있는 능력을 보유하고 있으며, 그들의 경험은 가치가 있으므로 상당 부분 반영하도록 하자.

※ Mental rehearsal(마음으로 하는 가상 연습)

멘탈 리허설(Mental rehearsal)은 마음속에서 이미지만으로 실시하는 예행연습을 말하는 것으로 프레젠테이션 준비가 거의 끝났을 즈음부터 가능한 연습방법이다. 시간을 절약하면서도 큰 효과를 얻을 수 있는 매우 훌륭한 연습 스킬로서 'Mental visualization technique'을 이용하는 방법이다. 실제 연습을 한다면 발표 시간과 비슷하게 소요되겠지만, 멘탈 리허설을 통한 연습을 하면 그 시간을 많이 줄이게 된다. 또한 실제 연습은 때와 장소가 필요하지만, 이는 환경에 구애받지 않고 마음속으로 하는 연습이기 때문에 쉽게 이루어진다는 장점도 있다.

그렇다면 멘탈 리허설은 어떻게 이루어지나? 프레젠테이션 준비가 어느 정도 완료가 된 시점에서는 몸이 굉장히 피곤한 상태이며 집으로 돌아가 잠자리에 누워도 잠이 잘 오지 않는다. 잠들 때까지 발표 첫 멘트부터 머리로 계속 상황을 그려 본다. 또는 장소 이동을 하면서 도보 중이나 차량 안에서 해도 된다. "안녕하십니까? 저는 오늘 발표를 맡은 ○○○입니다."라는 인사로 시작하여, 단계별 진행, 성공적인 마무리, 흡족해하는 청중들, 그리고 힘찬 박수……. 이런 과정을 계속해서 반복적으로 그려 나간다. 이렇게 함으로써 프레젠테이션이 실시되기 전에 이미 수십 번의 실제 상황을 경험하게 되는 것이다.

멘탈 리허설의 이점을 보면, 이러한 과정을 통하여 프레젠터는 성공을 반복해서 현실화시키기 때문에 자신감을 형성하는 데 도움을 주고 실제로도 성공을 기대하게 된다는 것이다. 즉, 일종의 '나는 할 수 있다.' 라는 Mind control 역할을 해 준다. 본능적으로 모든 사람이 실패를 전제로 한 결과는 잘 예상하지 않기 때문이다. 또한 대단히 많은 횟수의 연습을 한 것과 흡사한 효과를 주기 때문에 지나친 긴장감을 없애 준다는 장점도 있다.

떨지 않고 하는 프레젠테이션과 잘 하는 프레젠테이션의 차이

어떻게 보면 이 두 가지는 비슷하다고 생각되겠지만 실제로는 엄청난 차이가 있다. 경험이 별로 없는 초심자들에게는 떨지 않고 진행하는 것 자체가 큰 바람이겠지만, 어느 정도 경험이 쌓이면 대부분의 프레젠터들은 떨림의 증상은 거의 없어지게 된다. 그렇다고 해서 꼭 청중으로부터 'Good' 이라는 평가를 받는 것만은 아니다. 그 이유가 뭘까? 두말할 필요도 없이 연습 유무의 차이다.

떨지 않고 진행할 수 있는 이들도 자신과 청중 모두가 만족하는 발표를 하기 위해서는 끊임없는 연습이 필요하다. 아무리 경험이 많더라도 연습 양이 부족하면 끝나고 나서도 뭔가 허전한 느낌을 지우지 못함을 꼭 명심하자.

필자가 생각하기에 가장 훌륭한 프레젠테이션은 바로 '혼(魂)이 담긴 프레젠테이션'이라고 본다. 그러기 위해서는 물론 여러 가지 조건이 모두 갖추어져야겠지만, 연습이 최우선임을 잊어서는 안 되겠다. 산전수전(山戰水戰) 다 겪은 전문가라 하더라도 완벽한 프레젠테이션을 만들기 위한 첫 번째 조건은 혹독한 연습임을 다시 한 번 강조하고 싶다.

제 **4** 장

청중을 사로잡는
프레젠테이션
실시

Key Points

♣ 비언어적 요소(Non-verbal elements)
♣ 프레젠테이션에서의 스피킹(Speaking)
♣ 도입부와 결론부 전개(Opening & closing part)

presentation

청중을 사로잡는 프레젠테이션 실시

프레젠테이션 준비가 완벽하게 되었으면 이제 실전으로 들어가서 계획한 대로 실시해야 한다. 어떻게 진행하느냐에 따라 노력한 이상의 효과를 보여주기도 하며, 아무리 열심히 준비했다 하더라도 발표를 제대로 하지 못했다면 형편없는 결과가 나올 수밖에 없다.

경쟁 프레젠테이션이 끝난 후 클라이언트로부터 가끔 이런 섭섭한 연락을 받은 경험들이 있었을 것이다. "참여 업체들의 내용은 거의 비슷하였는데 그 회사가 프레젠테이션을 아주 잘했어요. 그래서 참석자들로부터 좋은 반응을 얻었던 것 같습니다. 아마 그 회사가 선정된 주된 요인이 아닌가 싶습니다." 프레젠테이션 실시 그 자체가 의사 결정에 있어 얼마나 중요한 역할을 하는지를 잘 대변해 주는 좋은 예가 될 수 있는 말이다.

본 장에서는 프레젠테이션의 효과를 극대화하는 데 있어 가장 중요한 사항인 비언어적 요소(Non-verbal elements)와 프레젠테이션에서의 스피킹, 그리고 도입부와 결론부를 어떻게 전개할지 등

에 대해 살펴보기로 한다. 이러한 사항들만 완벽히 처리한다면 일
정수준 이상의 전문가가 될 수 있다고 봐도 무방하겠다. 그러면
청중을 사로잡기 위한 프레젠테이션은 어떻게 이루어지나? 하나
씩 구체적으로 살펴보기로 하자.

 비언어적 요소
(Non-verbal elements)

청중에게 던지는 메시지는 단순히 말과 글로만 전달되는 것이
아니라, 언어적 요소(Verbal elements)와 비언어적 요소(Non-
verbal elements)로 나뉘어진다.

비언어적 요소란 언어적 요소 외에 프레젠테이션을 통해 이루어
지는 모든 스킬을 말하는 것으로 그 범위는 매우 광범위하며, 비
언어적 요소를 사용했을 때와 사용하지 않았을 때의 메시지 전달
정도의 차이는 엄청나다. 따라서 비언어적 요소가 배제된 상황에
서의 메시지 전달은 엄격히 보면 진정한 프레젠테이션이 아닌 '단
순한 소리와 글자의 전달' 이상이 아니며, 프레젠테이션이라 함은
설득적인 전달을 위해 모든 수단을 이용하는 것이기 때문에 언어

적 요소뿐만 아니라 여러 가지 비언어적 요소가 반드시 필요하다.

그리고 메시지를 전달받는 데 있어 약 1/3 가량이 언어적 요소에 의해 이루어지며 약 2/3가 비언어적 요소에 의해 이루어진다는 사실을 감안하면, 비언어적 요소가 언어적 요소보다 훨씬 더 중요하다는 사실을 알 수 있다.

미국에서 실시된 어느 조사 결과를 인용해 보자. 청중으로서 경험이 상당히 많은 미국광고주협회 회원들을 대상으로 다음과 같은 질문을 던졌다. "프레젠테이션의 요소 중 무엇이 가장 중요한가?" 즉, 아이디어, 문구 등을 포함하는 '내용적인 측면(What)'과 프레젠터의 지위, 평판, 인상, 저명도, 청중과의 개인적인 관계 등을 포함하는 '프레젠터가 누구인지(Who)', 그리고 마지막으로 프레젠터의 바디랭귀지, 열정(Passion) 등 '프레젠테이션을 어떻게 하는지(How)' 등 세 가지 요소 중 결과에 가장 큰 영향을 미치는 요소는 무엇인가라는 질문이었다. 상식적으로 생각하기에는 내용(What)이 가장 중요하다고 판단함직하다. 그러나 조사 결과에서 나온 대답은 의외로 What은 단지 7%의 비중밖에 차지하지 않으며, Who가 43%, How가 50%라는 대답이 나왔다. 프레젠테이션을 함에 있어 'How'가 얼마나 중요한지를 단적으로 보여주고 있다.

그리고 미국 UCLA의 알버트 멜라비안(Albert Mehrabian) 교수의 발표에 의하면, 사람간의 커뮤니케이션에 있어 언어적 요소인

Word(단어)가 발휘하는 역할은 단 7%에 불과하며, Voice(소리)와 Body language(태도, 자세 몸놀림, 표정, 시선 등)가 93%의 역할을 담당한다고 한다. 그만큼 비언어적 요소의 중요성은 여기저기에서 강조되고 있다.

그러나 거의 대부분의 프레젠터들은 언어적 요소에만 치중하는 우(愚)를 범하며, 특히 경험이 없는 초심자일수록 그 상황은 더욱 더 심각하다. 반면 경험이 많은 프레젠터라든지 프레젠테이션을 뛰어나게 잘하는 프레젠터들을 살펴보면, 그들이 얼마나 비언어적 요소를 잘 사용하는지를 알게 된다. 비언어적 요소를 잘 사용한다는 그 자체보다도 비언어적 요소를 통하여 메시지를 최대한 효과적으로 전달하고 있다는 사실이 중요한 것이다. 즉, 청중의 관심도가 떨어질 때마다 비언어적 요소를 효과적으로 사용함으로써 자극을 주어 계속 주목하게 만들고, 전달할 메시지의 설득력을 극대화시킨다.

그러면 비언어적 요소의 종류에는 무엇이 있을까? 앞서 살펴보았던 시청각자료 등도 비언어적 요소에 포함되며, 앞으로 살펴볼 표정, 자세, 패션 등도 큰 역할을 한다. 그리고 Eye contact(청중과 눈맞추기), Gesture(손동작), Movement(발의 움직임 및 무대이동), Voice(목소리) 등은 비언어적 요소의 핵심적인 요소라고 할 수 있다.

그러면 살아 있는 프레젠테이션을 만드는 비언어적 요소의 주요 사항들을 하나씩 살펴보도록 하자.

1. Eye contact(청중과 눈맞추기)

Eye contact란 프레젠터가 청중의 눈을 쳐다보면서 말하는 것으로, Eye contact를 한다함은 Two-way communication을 한다는 의미이며, Eye contact를 하지 않는다는 것은 단지 One way communication만을 하겠다는 말과 똑같다. 따라서 Eye contact는 프레젠테이션이 이루어지는 동안 프레젠터가 최우선적으로 다루어야 할 부분으로 무엇보다 신경을 써야 하며, 발표 도중에도 스스로 Eye contact를 잘 하고 있는지를 수시로 점검해보아야 한다. 특히 도입부와 중요한 의사 결정을 하는 순간에는 Eye contact가 꼭 필요하다. 그리고 발표를 듣는 청중들 모두가 프레젠터의 시선을 느낄 수 있도록 해야 하며, 청중으로 하여금 자신에게 직접 말하고 있다고 느끼게 해야 한다.

또한 Eye contact는 청중에게 발표자의 자신감과 신뢰감을 제공하기도 한다. "당신은 내 눈을 똑바로 쳐다보고 말할 수 있습니까?"

라는 질문은 "당신은 나에게 신뢰감을 줄 수 있습니까?"라는 의미와도 통한다. 반대로, 말할 때 상대방의 눈을 제대로 쳐다보지 못한다는 것은 자신감이 부족하다거나 떳떳하지 못하다는 의미다.

그러나 적지 않은 사람들이 청중을 바로 쳐다보는 그 자체에 대해 거부감을 갖고 있는 듯하다. 물론 상대방을 쳐다보면서 얘기한다는 게 결코 쉬운 일은 아니다. 동서양을 막론하고 상대방을 보면서 대화한다는 것은 자연스러운 일이 아니며, 때로는 예의에 어긋난다거나 상대방에게 오해를 불러일으키기도 한다.

그러나 이는 일상생활을 기준으로 했을 때 할 수 있는 얘기이며, 프레젠테이션에서는 Eye contact가 청중을 존중한다는 의미 제공과 함께 너무나도 중요하고 지대한 역할을 하므로 반드시 필요한 스킬이며, 천정을 쳐다본다거나 책상 등 다른 곳을 보는 일은 없도록 해야겠다.

그런데 Eye contact를 하고 싶어도 잘 되지 않을 때가 많은데, 그 이유는 바로 청중이 아닌 스크린을 보고 말하기 때문이다. 그렇게 될 수밖에 없는 이유는 원고를 제대로 암기하지 못했기 때문이며 연습을 충분히 하지 않았다는 말과도 통한다. 즉, Eye contact를 하고 싶어도 스크린에 있는 내용을 보고 읽어야 되기 때문에 당연히 Eye contact가 힘들어지는 것이다. 따라서 Eye contact를 하면서 발표를 진행하기 위해서는 원고를 거의 암기하는 방식이 요구되며, 자연히 엄청난 양의 연습이 필요하게 된다. 내용을 거의 암기하기 전에는 Eye contact를 할 생각은 잠시 접어 두도록 하자.

또한 Eye contact를 자연스럽게 하기 위해서는 평소 이러한 훈련을 많이 해두어야 하는데, 일상 대화를 할 때나 사내 회의 자리에서도 Eye contact를 항상 신경 쓰면서 말하는 습관을 길러야 한다. 상대방이 말할 때 Eye contact를 하면서 청취하는 자세는 상대방에 대한 존중을 의미함과 동시에 관심을 갖고 경청한다는 느낌을 주게 되며, 상호간에 교감이 생긴다는 장점도 아울러 가질 수 있다.

왜 Eye contact가 그렇게 중요할까?

첫째, 가장 큰 이유는 프레젠터에게 관심을 집중시켜주는 기능을 한다는 것이다.

프레젠테이션을 한 번이라도 경험해 본 사람이라면, Eye contact를 하면서 발표했을 때와 그렇지 않았을 때의 큰 차이점을 발견할 수 있었을 것이다. 그것은 바로 프레젠터에 대한 집중도의 차이다. 프레젠터가 관심을 주지 않는다면 청중들은 본능적으로 딴 생각을 하게 되며, "당신이 나에게 관심을 주지 않는데 왜 내가 당신에게 집중을 해야 하나?"라고 반문할지도 모른다. 청중은 발

표자가 내 눈을 봐주었으면 하는 마음을 가지고 있음을 명심하자. 일상 대화에서도 상대방이 다른 곳을 보면서 말한다면 나를 무시한다는 생각이 드는 것과 마찬가지다. 청중에게 관심을 준다 함은 바로 그들의 눈을 쳐다보면서 말하는 것이다.

둘째, 참석자들이 누구인지 정확하게 알게 해준다.

프레젠테이션이 끝나고 나면 누가 무슨 얘기를 했는지, 어떤 반응을 보였는지에 대한 토론들을 하게 된다. 대개 어떤 옷을 입은 사람 또는 외모가 어떤 사람 등으로 표현되는데, 프레젠터는 그가 누구인지 정확하게 인지하고 있어야 한다. 우리에게 우호적인 태도를 보였는지 아니면 그 반대인지를 정확하게 파악해야만 후속 업무를 전개해 나가는 데 있어 지장이 생기지 않는다.

셋째, 청중의 표정이나 몸동작 등 그들의 반응을 볼 수 있다.

프레젠터가 청중의 표정이나 몸동작 등 그들의 반응을 본다는 사실은 매우 의미 있는 일이다. 왜냐하면 그러한 반응들은 그들의 심리 상태를 나타내는 것이고, 또 그에 따라 발표자는 진행 방식을 바꿔 나가야 하기 때문이다. 참석자들이 굉장히 지겨워한다는 느낌이 전달되면 목소리 톤을 좀 올리거나, 발표 속도를 빠르게 한다거나, 진행을 잠시 멈추고 다른 Action을 취한다거나, 화제를 바꾼다든지 하여 분위기를 새롭게 만들 수 있다.

그러나 상황에 관계없이 똑같은 방식으로 진행해 나간다면, 때때로 프레젠터 자신도 몹시 불편해짐을 피부로 느끼게 되며 청중들의 집중도도 급감할 수 있다. 따라서 청중들의 태도를 항상 주시하면서 진행을 해야 하며, Eye contact가 큰 역할을 하게 된다.

그러면 여기서 청중이 보이는 반응에 따라 어떤 추측이 가능한지 알아보기로 하자.

고개를 끄덕인다. ▶▶ 긍정적이고 호의적인 반응이며, 이런 반응을 본 프레젠터는 자신감을 갖고 더욱 더 힘을 내서 진행할 수 있다. 전달받는 내용에 대해 수긍한다거나 공감한다는 의사를 표명한다고 보면 되겠다.

고개를 갸우뚱거린다. ▶▶ 이해가 잘 안 된다는 표시다. 또는 발표자의 주장이나 의견이 자신의 생각이나 알고 있는 사실과 다를 때 나오는 반응이다.

딴청을 부린다. ▶▶ 발표력에 대해 만족하고 있지 않다는 표시다.

얼굴을 찌푸린다. ▶▶ 발표내용이 기대에 어긋나거나 흥미가 없다는 표시다.

팔짱을 끼고 있다. ▶▶ 발표와 관련이 없는 딴 생각을 하고 있다거나 발표내용에 대해 자기 나름대로의 깊은 고민을 하고 있다는 추측이 가능하다. 방관자의 자세일 수도 있다.

눈을 감고 있다. ▶▶ 지루함을 느낀다거나 발표내용에 대해 관심이 없다는 표시다. 혹시 딴 생각을 하고 있을 수도 있다.

입술을 깨문다든지, 펜으로 장난을 친다. ▶▶ 내용에 대해 의문을 갖고 있다고 보면 된다.

손을 턱으로 받치고 있다. ▶▶ 내용에 대한 판단을 유보하고 있다는 의미다.

창이나 벽 등 딴 곳을 보고 있다. ▶▶ 발표내용에 대해 흥미나 관심이 없다는 표시다.

고개를 좌우로 흔든다. ▶▶ 발표내용이나 발표자의 주장을 부정한다는 표시다.

프레젠터나 스크린을 보지 않고 보고서를 빨리 넘기면서 본다. ▶▶ 들을 내용이 별로 없다거나 뒤의 내용을 궁금해 한다든지 또는 지루해한다는 의미다.

의자 뒤로 등을 기댄다. ▶▶ 달갑지 않은 반응이다. 발표 자체에 대해 별로 관심이 없다고 보면 된다.

옆 사람과 귓속말을 주고받는다. ▶▶ 발표자가 하고 있는 말과 관련된 자기 의견을 옆 사람에게 전달할 때 자주 일어나는 현상이다. 자기가 몰랐던 사실이 나왔을 때 확인을 해본다고 추측할 수도 있다. 그 사람을 가볍게 처다봄으로써 귓속말을 중지시키는 게 가능하다.

메모를 한다. ▶▶ 질문할 내용이나 자기 의견을 정리하고 있다.

이상 청중의 반응과 그에 따른 추측 가능한 의미를 사례별로 살펴보았다. 경험이 많은 프레젠터일수록 청중의 반응을 재빨리 파악하여 그에 대해 적절히 대응해 나간다.

다시 한 번 강조한다. Eye contact가 되지 않으면 이런 반응을 알 수 없고, 적절한 대응을 하기도 힘들다는 사실을 명심하자.

Eye contact는 어떻게 해야 하나?

자신감을 갖고 편안히 하면 된다. 물론 연습을 많이 하면 이는 자연적으로 해결된다. 처음에는 Eye contact를 하긴 하지만 사람이나 사물들이 흐릿하게 보이는데, 많은 훈련과 경험을 한 후에는 정확히 볼 수 있는 힘이 생긴다.

주의할 점은 Eye contact를 너무 의식해서 눈에 너무 힘을 주어서는 안 되며, 자연스럽게 눈이나 미간을 바라보면 되겠다.

그리고 'One sentence, One person'이라는 원칙이 있는데, 이는 한 문장의 설명이 끝날 때까지는 한사람만 보라는 얘기다. 한 문장을 한사람만 보고 말하고 난 후 다른 사람에게 시선을 옮기는 것이다. 이렇게 되면 대개 3~5초 정도의 시간이 걸리는데, 이러한 방법을 잘 사용하면 설득력이 매우 높아진다.

Eye contact에서의 7:3 Rule

Eye contact를 할 때 7:3 Rule이 있는데 이는 두 가지로 설명이 가능하다.

첫째, 총 소요 시간 중 청중을 바라보는 시간이 약 70%, 그리고 스크린을 보는 시간이 약 30%라는 의미다.

아무리 열심히 노력하더라도 원고 전체를 완벽히 암기한다는 일은 거의 불가능하므로 스크린을 가끔씩 봐야만 하는데, 그 시간이 전체의 30%를 넘어서는 안 된다. 그리고 이 30%의 시간은 스크린을 보고 읽는 시간이 아니라 스크린에 있는 내용을 힐끗 훔쳐보는 시간이라고 보면 되겠다.

또한 완벽히 암기를 했다 하더라도 가끔씩은 스크린을 봐주는 게 좋은데, 그 이유는 스크린을 한 번도 보지 않고 말을 한다면 프레젠터가 흡사 '기계' 같은 이미지를 풍길 수 있기 때문이다. "저 많은 내용을 어떻게 모두 외웠을까?"라는 신기함에 사로 잡혀 내용보다는 프레젠터의 암기능력에 더 관심이 갈 수도 있다.

따라서 약 30분 정도 소요되는 프레젠테이션이라면 청중과 20분 정도의 Eye contact를 하고, 나머지 10분은 가끔씩 스크린을 보는 시간으로 할당해야 한다.

둘째, 청중과의 Eye contact 시간 중 핵심인물에게 약 70%를, 나머지 사람들에게 약 30%의 시선을 주라는 의미다.

청중 가운데 영향력이 가장 큰 존재는 아무래도 핵심인물이 아니겠는가? 그 분이 어떻게 판단하느냐에 따라 결과가 좌지우지된다. 따라서 그 핵심인물에게 많은 시간을 할애하여 Eye contact를 해서 그의 반응을 주의 깊게 살피고 관심을 유도해야 하며, 나머지 청중들에게 가끔 Eye contact를 하여 그들의 반응을 살펴야 한다.

그리고 같이 동행한 동료들에게는 별로 눈길을 줄 필요가 없지만, 진행함에 있어 도움이 되기 위해 가끔씩 그들을 봐야 한다.

즉, 설명해야 될 내용은 많이 남아있는데 시간이 얼마 남지 않았으니 발표 속도를 조금 빨리 하라든지, 아니면 이 질문에 대답은 누가 하라든지 등에 대해 그들과 제스처를 주고받기로 했다면 시기적절하게 의사소통을 하면 되겠다.

Touch - Turn - Talk

Touch-Turn-Talk란 스크린 앞에서 말 할 때 어떻게 하는지에 대한 순서이다.

스크린 위에 손을 짚은 후(Touch), 청중을 향하여 고개를 돌리고 (Turn), 마지막으로 말을 하는(Talk) 방식이다. 당연히 그러는 것 아니냐고 여기겠지만 Touch를 하면서 동시에 말하기도 하고, Turn이 끝나기 전에 말 하는 경우도 생기는데 이렇게 되면 비효율적이다.

연속된 동작이지만 Touch-Turn-Talk가 자연스럽게 구분되어 이루어져야 하며, 궁극적인 목표는 바로 Eye contact를 하면서 진행을 하는 것이다.

스크린에 Touch를 할 때에는 가급적 스크린 가까이 있어야 하며, 그 문장 설명이 끝날 때까지 스크린에 Touch를 지속하고 Eye contact를 하면서 말해야 한다. 이런 동작은 시선을 집중시키는 효과를 얻는다.

광고 시안 등 보드(Board)에 담긴 내용을 설명할 때에도 Touch-Turn-Talk는 반드시 지켜야 한다. 스크린 앞에서는 잘 지켜지지만, 디자인 시안 등 Board를 설명할 때에는 그냥 편하게 하려고 하는 경향이 있다. 그러나 이 경우에도 설명할 지점을 짚은 후 청중을 향해 얼굴을 돌리고 Eye contact를 하면서 진행해야 한다.

2. Gesture(손동작)

제스처는 발표를 진행하면서 이루어지는 손동작을 말하는데, 제스처 사용 여부에 따라 메시지를 전달받는 청중의 이해도는 큰 차이를 보인다. 제스처를 사용하면 의사 전달을 훨씬 더 정확하게 할 수 있고, 언어적 요소가 해결해 주지 못하는 부분까지도 충분히 보완해 준다.

서양의 영화나 TV 프로그램 등을 관심 깊게 보면 출연자들이 대사를 할 때 세련된 제스처를 자연스럽게 사용하는 장면을 자주 접하게 되는데, 그들은 어릴 때부터 평소 생활을 하면서 제스처를 습관적으로 사용하기 때문에 몸에 배어 있는 것이다. 그러나 우리들은 서양인에 비해 제스처에 익숙하지가 않고 그 결과 프레젠테이션을 할 때도 자주 사용하지 못하며, 결국 비효율적인 발표를 반복하게 되곤 한다. 그러나 프레젠테이션에서는 필수적인 스킬이므로, 연습을 통하여 자연스럽게 사용할 수 있도록 하자.

제스처가 중요한 이유는 무엇인가?

첫째, 프레젠테이션을 자연스럽게 만들어 준다.

프레젠테이션을 시작하면 쉽게 긴장하게 되므로 몸이 굳고 프레젠터가 흡사 로봇(Robot)이 되어 가는 느낌도 드는데, 제스처를 사용하면 프레젠테이션이 훨씬 더 부드러워진다. 그러나 제스처는 마음만 먹는다고 되는 게 아니라 부단한 연습을 통해서만 가능해지며, Eye contact와 마찬가지로 평소 자주 사용하는 습관을 길러야 한다.

둘째, 프레젠테이션을 설득력 있게 만들어 준다.

앞서 언급했듯이 언어적 요소만을 통해 메시지를 전달하는 데는 한계가 있으며, 제스처가 상당 부분 해결해 준다. 따라서 제스처는 전달하고자 하는 바를 더욱 정확하게, 그리고 설득력 있게 만들어 준다.

"Gesture is another speech."라는 말을 기억하자. 제스처는 '또 하나의 중요한 커뮤니케이션 수단'인 것이다.

셋째, 프레젠터에게 자연스럽고 안정된 느낌을 제공한다.

제스처를 잘 사용하면 프레젠터는 청중에게 편안한 느낌을 제공하며, 청중은 프레젠터에게서 여유를 느끼게 된다.

넷째, 강조의 역할을 해 주며, 흥미나 어감을 더해 준다.

강조는 목소리를 크게 함으로써 해결되기도 하지만, 잔상이 오래 남게 하기 위해서는 제스처 사용이 매우 효과적이다. 또한 제스처를 사용함으로써 프레젠테이션을 더욱 흥미롭게 만들어 준다.

다섯째, 내용을 형상화시켜준다.

'크다, 작다, 성장한다, 하락한다.' 등의 내용을 말로만으로 전달할 때와 제스처를 사용해서 전달할 때와는 큰 차이가 있다. 제스처는 입을 통해 나오는 말들을 시각적으로 보여주기 때문에 전달력을 극대화시켜주며, 청중의 기억도를 높이는 데도 큰 역할을 한다.

제스처의 사용횟수에 대해

제스처는 그 나라의 문화와 관습에 따라, 그리고 청중의 성격에 따라 적절히 사용해야 한다. 서양에 비해 아시아 지역에서는 그 사용빈도(Frequency)가 그렇게 높지 않은 편이다. 만약, 우리가 서양처럼 전체 시간 중 80% 이상의 제스처를 사용한다면 참석자들이 다소 정신 사나워 할 우려도 있다. 따라서 우리나라에서는 전체 발표시간 중 약 40~60% 정도의 사용이 일반적이다.

또한 청중의 성격에 따라 제스처의 사용 빈도도 달라져야 한다. 청중들의 연령대가 꽤 높다거나 보수적인 기업이라면 지나친 제스처 사용은 가급적 자제하는 게 좋으며, 젊은 기업, 외국기업 등이라면 다소 많이 사용하더라도 별 무리가 없겠다.

제스처는 청중에게 잘 보이도록 해야 한다

첫째, 제스처를 할 때 손의 위치가 너무 낮다거나, 동작의 크기가 너무 작아서는 안 된다. 청중이 잘 볼 수 있는 범위인 얼굴과 허리 사이에서 절도 있게 이루어져야 한다.

둘째, 제스처는 천천히, 일정시간 유지해야 한다.

손동작이 꽤 빠른 프레젠터들이 많은데, 스스로 좀 천천히 한다고 느낄 정도면 적당하겠다. 또한 제스처를 한 후 너무 빨리 손을 내리면, 일단 의미 전달이 제대로 되지 않고 경솔하게 보이므로 일정 시간 유지시켜 주어야 한다. 예로 스크린에 있는 문장을 가리키며 설명할 경우 그 문장의 설명이 끝날 때까지 스크린에 손을 대고 있는 것이 좋다(이 때 손등이 보여서는 곤란하며 손바닥이나 손의 측면이 보이도록 한다. 대개 발표자는 스크린의 우측에 서서 오른 손으로 스크린을 가리키는 데, 왼손으로 스크린을 가리키면 손등이 보이게 되므로 오른손만을 사용하도록 하자).

셋째, 제스처는 반드시 정확하게 해야 한다.
정확하지 않은 제스처라면 차라리 하지 않는 편이 낫다. 정확히 하기 위해서는 동작을 너무 빠르지 않게 해야 하며 크기 또한 적절해야 한다.

제스처를 하지 않을 경우에는
그냥 편안한 자세로 있으면 된다

차려 자세에서 주먹을 약간 쥐고 손을 자연스럽게 늘어뜨린다거나 양손 깍지를 낀다든지 손을 가볍게 모은 상태로 있으면 된다.

이 때 손의 위치는 배꼽 부근 또는 배꼽 약간 아래라도 괜찮겠다.

제스처 연습은 극적으로 해보자

많은 프레젠터들이 '실제 프레젠테이션 할 때는 모두 잘되겠지.'라는 긍정적인 생각을 하곤 한다. 그러나 언어적, 비언어적 요소 모두 단상에 서면 마음대로 잘 되지 않는 게 사실이며, 제스처 또한 마찬가지다. 이를 해결하기 위한 방법이 바로 연습 시 동작을 극적으로 해보는 것이다. 극적이라는 의미는 빈도와 동작 크기 두 가지로 보면 된다. 즉, 실제 프레젠테이션에서 전체 시간 중 약 50% 정도의 제스처를 사용하겠다고 계획했다면 연습 시에는 90% 이상 동작해 보아야 하며, 동작 또한 과다할 정도로 크게 해 보도록 하자. 왜냐하면 눈에 보이지는 않지만 근육에 그 동작이 스며들어 기억하는 효과를 가져다주기 때문이다.

제스처의 종류

수만 아니 수십만 가지의 종류가 있을 수 있다. 그러나 모든 제스처가 꼭 특정한 의미를 갖고 있지는 않다. 의미를 가진 제스처에는 강조, 상승, 하락, 부정, Numbering 등 여러 가지가 있는 반면, Open hands(허리 정도에서 양손을 벌리는 동작) 등은 아무런 의미 없이 사용해도 되는 동작이다.

그리고 서양인, 동양인에 따라 각기 잘 사용하는 제스처가 있으며, 자신만이 자주 사용하는 독특한 제스처, 그리고 자신에게 잘 맞는 제스처 등도 있다. 어떤 제스처가 더 좋고 설득적이라고 단정 짓기는 힘들지만, 말하고 있는 메시지에 어울리는 제스처를 때에 맞춰 적절히 사용해야 한다. 따라서 어떤 제스처를 사용할지에 대해 꾸준히 연구하고 몸에 익히도록 하자.

또한 제스처를 잘 하기 위해서는 TV에 나오는 전문 강사든, 영화에 나오는 배우든 그들이 사용하는 제스처를 잘 살펴보고, 괜찮은 동작이 있다면 자기 것으로 만들어주어야 한다. 항상 제스처를 염두에 두고 생활하는 습관을 기르도록 하자.

주의할 점

손이 심하게 떨린다고 스스로 판단될 때에는 어떤 동작도 하지 않아야 한다. 그리고 스크린을 포함한 모든 물체에 손을 대지 않아야 하며, 어떤 물건도 잡아서는 안 된다. 손이 떨린 상태에서 동작을 하면 그 떨림을 청중들이 그대로 보게 되고, 그 순간 프레젠터에 대한 신뢰도는 땅에 떨어지며 청중들은 차라리 안타까운 마음을 갖게 될 것이다.

시간이 어느 정도 지나서도 손 떨림이 전혀 없어지지 않는다면, 물건이나 포인터 등을 일부러 땅에 떨어뜨리고 다시 주우면서 자신의 생각을 수집하고 정리할 시간을 마련하자. 아주 짧은 시간이지만 마음이 안정되는 기회를 제공해 준다.

피해야 할 손동작들

다음과 같은 동작 및 자세는 피하자. 나쁜 이미지를 제공할 뿐만 아니라 청중을 멀어지게 하는 길이다.

- 바지 주머니 속에 손을 넣은 상황에서 진행을 하면 건방지고 불성실하게 보인다.
- 가슴 위에서 팔을 꼰 자세도 바람직하지 않다.
- 양손을 앞으로 모아두는 자세(Fig leaf 또는 Adam's leaf)는 아주 보기 좋지 않다.
- 절대로 청중을 향해 손가락질을 해서는 안 된다. 비록 특정인을 가리킬 때에도 손가락으로 가리켜서는 안 된다. 대신 손바닥을 펴서 공손하게 가리키자.
- 코나 귀를 만진다든지, 엉덩이를 긁는 것도 보기 싫은 동작이다.

제스처를 방해하는 안테나형 지시봉은 되도록 사용하지 말자

예전에는 안테나형 지시봉(Pointer)을 많이 사용하였으나 요즈음 들어서는 그 사용빈도가 급격히 줄어들고 있으며 여러 가지 단점으로 인하여 권하고 싶지 않은 도구다. 단점은 다음과 같다.

프레젠테이션을 경직시키고, 프레젠터를 긴장시키며, 프레젠터에게 몰입하는 데 방해요인으로 작용한다. 또한 프레젠터나 발표 내용보다는 포인터에 청중의 시선을 빼앗길 우려도 있다.

그러나 가장 큰 단점은 가리키는 데 사용하기보다는 넣었다 뺐다 한다든지, 손바닥을 툭툭 친다든지 하면서 가지고 노는 데 많이 사용한다는 사실이다. 손에 무엇인가 쥐어져 있기 때문에 무의식중에 그런 행동이 나오는 것이다. 그리고 혹시나 청중을 가리킬 위험이 있는데 이는 굉장히 큰 실례다. 또한 지시봉을 손에 쥔 상

171

태에서 제스처를 한다면 지시봉을 가지고 춤을 추는 광경이 연출되기도 한다.

따라서 지시봉은 도표라든지 지도 등에서 구체적인 지점을 가리킬 경우가 아니면 가급적 사용하지 않아야 하며, 필요한 경우 사용을 했다면 사용 후 바로 주머니 등에 다시 넣어 두어야 한다.

그리고 요즈음에는 안테나형 포인터 대신 레이저 포인터를 많이 사용하는데, 이 때 주의할 점은 청중을 향해 쏘아서는 절대로 안되며, 스크린을 가리킬 때는 한 지점에만 고정시켜야지 그 주위를 반복적으로 빙빙 돌리는 행동을 해서는 안 된다.

개인적인 행동을 해야 할 경우에는 슬라이드가 바뀐 직후에 실시하도록 하자

발표 도중 손수건으로 땀을 닦아야 될 때도 있고, 물을 먹고 싶을 때도 있으며, 가려운 곳을 긁고 싶은 경우 등 여러 가지 개인적인 행동이 필요한 상황이 발생한다. 그러나 이런 행동을 반복해서 한다면 청중의 시선을 빼앗게 되고 집중을 방해하게 만든다. '언제 또 저러한 행동을 할까?'라고 궁금해 하는 사람도 간혹 있음직하다. 따라서 이런 개인적인 행동은 시선이 다른 곳으로 집중되었을 때 순간적으로 해야 하며, 그 시점은 바로 스크린 상에서 슬라이드가 다음 페이지로 바뀔 때다. 그 틈을 타서 재빨리 필요한 행동을 하면 되겠다.

3. Movement
(발의 움직임 및 위치 이동, 무대 활용)

Movement는 프레젠테이션을 하면서 이루어지는 발의 움직임 및 위치 이동이다. 즉, 한 지점에서만 서서 발표하는 게 아니라 위치를 바꾸면서 또는 작은 반경 내에서 가볍게 움직이면서 진행하는 스킬이다. 효과적인 Movement의 사용은 프레젠테이션을 활기차고 자연스럽게 만들어주며, 프레젠터를 전문가처럼 느끼게 해주는 아주 훌륭한 무기가 된다.

그러나 Movement는 프레젠터에게 요구되는 가장 어려운 스킬 중 하나이며, 특히 경험이 별로 없는 초보자들은 구사하기가 쉽지 않으므로, 충분한 연습을 통하여 마음의

여유를 갖는 것이 효과적인 Movement를 할 수 있는 지름길이다.

왜 Movement가 중요한가?

첫째, 프레젠테이션을 자연스럽게 진행하게 해준다.

고정된 한 곳에서만 서서 계속 진행하게 되면 청중들의 시선도 고정되어 지루해지며, 프레젠터 또한 위축되고 딱딱해지는 느낌을 갖게 된다. 그러나 크든 작든 움직임을 주거나 위치 이동을 해준다면 훨씬 더 부드럽고 신선한 분위기를 연출할 수 있게 된다.

둘째, 설득적인 프레젠테이션을 가능하게 해준다.

적절하게 Movement를 해 준다면 훨씬 설득적인 프레젠테이션이 된다. 강조하고 싶은 부분이 있으면 청중 가까이 다가가서 말하고, 스크린에 떠있는 메시지가 중요하다면 스크린 바로 옆에 붙어서 말하는 등 움직이면서 진행한다면 매우 설득적인 발표가 될 것이다.

셋째, 청중의 주의를 끌 수 있으며, 흥미를 유발한다.

탁구경기 중계에 대해 얘기를 해보자. TV를 통해 탁구경기를 보면서 선수가 아닌 관중들의 얼굴과 눈을 유심히 살펴보면 몹시 재미있는 현상을 발견할 수 있는데, 관중들의 눈이 탁구공을 따라 이리 저리 움직인다는 것이다. 즉, 탁구공이 관중들의 시선을 마음대로 잡아끄는 것이다. Movement도 마찬가지다. 프레젠터가 움직이는 대로 청중들 시선은 따라온다. 만약 움직이는 프레젠터를 따라 시선을 주지 않는다면, 프레젠테이션 자체에 대해 관심이 별로 없다거나 발표에 부정적인 태도를 가지고 있는 사람이라고 보아도 되겠다.

프레젠테이션의 생명이 집중을 이끌어내는 것이며, Movement가 이런 역할을 해줌을 감안할 때 꼭 실시해야 할 스킬이다.

넷째, 발표 중간에 주제를 바꾼다는 의미를 준다.

이는 Movement가 갖는 핵심적인 기능이다. 광고 프레젠테이션을 실시할 때 상황분석 Part와 전략 전개 Part, 그리고 Creative Part 등을 각기 다른 위치에서 진행한다면, 청중들이 각기 다른 소주제를 구분하여 들을 수 있게 된다. 반면 한 지점에서만 모든 Chapter를 해결한다면 그 구분이 쉽지만은 않을 것이며, 비효율적인 프레젠테이션이 되기 쉽다.

Movement의 종류

Movement에는 움직임이 큰 Movement와 움직임이 작은 Movement, 그리고 앞뒤 Movement와 좌우 Movement 등이 있다.

큰 Movement란 스크린으로부터 멀리 움직이는 동작으로, 예를 들면 뒤쪽에 있는 청중 가까이까지 이동하는 것이다. 청중의 시선을 환기시켜줄 수 있는 장점이 있으나 너무 자주 사용하면 오히려 역효과가 생기는데 청중이 프레젠터를 따라가기에 지치기 때문이다. 그리고 너무 빠른 걸음으로 이동하지 않도록 하자.

작은 Movement란 발표자가 서있는 지점을 중심으로 약 20~30cm 반경 내에서의 움직임을 말하며, 효율적으로 사용하면 발표자를 자연스럽게 만들어주고 프레젠테이션도 딱딱하지 않게 해준다. 그러나 작은 Movement를 할 때 너무 빠른 움직임은 피해야 하며, 천천히 여유 있게 움직여주면 되겠다.

앞뒤 Movement는 스크린과 청중 사이를 앞뒤로 이동하는 것이며, 좌우 Movement는 가로 방향으로 이동하는 것이다. 무대를 넓게 활용하기 위해서 좌우 이동을 잘 활용하도록 하자.

고려사항

◎ Movement를 할 때에도 Eye contact는 반드시 지켜야 한다.

청중 가까이 다가갔다가 스크린으로 돌아오면서 자신의 뒷모습을 보이며 말하는 방식은 피해야 한다. 이 때는 뒷걸음질을 하면서 말하는 방법이 있는데, 그렇게 하면 Eye contact 유지가 가능해 진다. 단, 주위에 있는 집기 등을 미리 잘 파악하여 회의 탁자나 의자에 부딪히는 일이 없도록 해야 하며, 마이크를 사용한다면 선에 걸리지 않도록 조심해야겠다.

◎ 스크린을 가리지 않도록 하자.

Movement를 하다보면 본의 아니게 스크린을 가리는 일이 있는데, 이는 청중을 짜증나게 하며 내용 전달에 있어서도 문제를 야기하게 된다. 따라서 좌우 Movement를 할 경우에는 신경을 많이 써야 하며, 프로젝터 뒤 공간을 이용하여 이동하거나 화면을 어둡게 만든 후에 이동해야 한다(슬라이드 쇼가 진행되는 중에 B 글쇠를 누르면 스크린 화면이 검은색이 된다).

◎ 스크린에 있는 내용을 설명할 때는 스크린 옆에 서 있어야 한다.

스크린 옆에서 설명하느냐 아니냐는 청중이 어디에 집중을 해야 할지를 암시해 주는 역할을 한다. 내용이 스크린에 떠 있건 아니건 프레젠터야 물론 발표주제와 관련된 말을 하겠지만, 청중은 귀로는 말을 듣고 눈으로는 스크린을 보기 때문에 '듣는 말'과 '보는 글'이 일치하지 않으면 혼동을 일으키게 된다. 따라서 스크린에 있는 내용을 위주로 설명할 경우에는 스크린 옆에서 말하는 것이 좋으며, 스크린에 없는 내용을 꽤 오랫동안 설명해야 한다면 스크린을 벗어나서 말하는 게 바람직하다. 그러나 스크린에 없는 내용 설명이 그리 길지 않다면 스크린과 청중 사이를 왔다 갔다 하지 말고 스크린 옆에서 계속 진행하도록 하자.

4. Posture(서 있는 자세)

자세 또한 프레젠터의 이미지를 결정하는 데 큰 비중을 차지한다.

서있을 때는 항상 등을 곧바로 편 상태에서 반듯하고 균형 잡힌 모습으로, 어깨를 약간 뒤로 젖히고 고개를 위로 조금 당긴 자세를 취하도록 하자. 구부정한 자세는 피해야 한다.

그리고 두 다리에 동등하게 힘을 주고 꼿꼿이 서있어야 하는데, 한쪽 다리에만 무게를 실은 채 서있는 자세는 보기에도 안 좋을 뿐만 아니라 성의 없고 건방진 이미지를 풍기게 된다. 한 쪽으로 무게가 실리는 습관을 정 고칠 수 없다면 차라리 한 발을 앞으로 빼는 것이 낫다.

또한 앞에 있는 강연탁자 등에 몸을 의지해서는 안 되는데 이미지를 망칠 수 있는 수동적인 자세이며, 호흡이 불편해져서 제대로 된 목소리를 내기 힘들게 만들기 때문이다. 따라서 될 수 있으면 연단으로부터 멀리 떨어져 있어야 하며, 아예 연단을 치우는 것도 하나의 방법이다.

남성은 양 다리 간격을 어깨나 엉덩이 넓이보다 약간 좁은 정도로 벌리면 되겠다. 특히 주의할 점은 서있는 상태에서 절대로 다리를 떨어서는 안 된다는 것이다. 또한 양발은 11자로 만들어야 하며, 여덟팔자(八)가 되지 않도록 주의해야 한다. 평소 팔

자걸음을 걷는 사람들은 서 있는 상태에서도 양발이 팔자로 되기 쉬우므로 조심하도록 하자.

여성은 양발을 붙이고 서 있어도 되고, 간격을 준다면 5cm 이상이 되어서는 안 된다.

5. Voice(목소리)

목소리는 타고난 것이기 때문에 어쩌면 연습에 의해 인위적으로 개선될 수 있는 요소가 아닐지도 모른다. 타고나길 목소리가 좋다면 더 이상 바랄 나위가 없겠으나, 심한 허스키라든지 쇠 소리가 나는 금속성의 날카로운 목소리 또는 알아듣기 힘들 정도로 작은 목소리를 가졌다면 누구에게나 스트레스로 작용한다. 그러나 꾸준한 발성훈련을 하고, 정확한 발음을 내기 위해 평소 노력을 해 나간다면 분명 조금씩 나아지는 것도 사실이다. 아나운서들의 목소리에서 신뢰감이 느껴지는 이유는 그들이 피나는 훈련을 했기 때문이다.

그런데 여기서 우리가 짚고 넘어가야 할 점은 바로 자신의 목소리에 만족하는 사람은 별로 없다는 사실이다. 따라서 생활하는 데 있어 크게 불편함을 겪는 정도만 아니라면 누구든지 발표를 함에 있어 큰 문제가 되지 않는다고 보며, 많은 경험을 가진 후에는 자신도 모르게 발표에 적합한 목소리가 나오게 되고, 대중 앞에서도 우렁찬 목소리를 낼 수 있을 것이다.

그리고 프레젠테이션에서 목소리는 대단히 큰 역할을 하는데, 굵은 저음의 울리는 목소리를 낸다면 일단 신뢰감을 얻게 되며 전달하는 내용에 대한 가치도 급상승하게 된다. 반면 내용이 아무리 훌륭해도 목소리가 받쳐주지 않는다면 효과가 떨어짐을 부정할 수 없다. 그러나 이는 어쩔 수 없는 일이다. 자기가 가진 한계 내에서 꾸준히 개선을 해나가야 한다.

그러면 목소리가 왜 중요한지, 어떻게 하면 자기 목소리의 효과를 최대한 높일 수 있는지 등에 대해 살펴보기로 하자.

프레젠테이션에서 목소리가 왜 중요한가?

첫째, 강조의 역할을 해준다.

어떤 프레젠테이션에서나 강조하고 싶은 부분이 있어야 하며, 목소리로 해결이 가능하다. 강조해야 할 부분을 나머지 부분과 똑같은 목소리 크기로 처리한다면 강조 효과가 전혀 나타나지 않으므로 크기 조절을 이용하여 강조하도록 하자.

둘째, 흥미를 제공한다.

프레젠테이션에서 흥미를 제공하는 방법은 여러 가지가 있지만 목소리의 역할이 매우 크다. 내용 자체에 대한 흥미도 중요하지만 목소리에서 전달받는 흥미도 그 못지않게 중요하다.

셋째, 장시간 지속되는 프레젠테이션에서 청중의 집중을 유지시킨다.

짧은 시간 내에 끝나는 발표라면 몰라도, 30분 이상 계속 된다면 청중을 집중시키는 데 목소리가 무척 큰 역할을 한다. 따라서 어떤 시점에서 목소리를 어떻게 연출해야 할지에 대해서 미리 계획하도록 하자.

지겨움을 해결하는 목소리 연출 방법

여기서 '프레젠테이션과 한국어'의 관계에 대해 알아보자. 우리말을 영어나 중국어 등 외국어와 비교했을 때 가장 큰 약점은 무엇일까? 그것은 바로 억양(Intonation)이 별로 없다는 사실이다. 즉, 우리말은 굉장히 Flat(평평함)하며, 이렇게 되다보니 프레젠테이션에서도 그 약점은 여실히 반영되어 청중이 쉽게 지겨워질 확률이 높아지고, 같은 내용이지만 영어와 한국어로 발표하는 경우를 비교해보면 우리말이 상대적으로 흥미가 훨씬 떨어진다. 따라서 이런 약점을 보완해주어야 하며, 아래 세 가지 방법을 사용함으로써 그러한 약점에 대한 보완이 가능하다.

첫째, 강약 변화를 줌으로써 해결이 가능하다(Strength).
이는 목소리의 크기를 달리하는 기술이다. 강조하고 싶을 때는 좀 크게, 또는 좀 작게 등 크기에 변화를 주어 목소리에 재미를 더해 줌으로써 단조로움을 피할 수 있다.

둘째, 속도 조절에 의한 방법이 있다(Speed).
말의 빠르기 조절이다. 정상속도, 빨리 할 때, 또는 늦게 할 때 청중이 받아들이는 느낌은 각기 다르다. 그러므로 속도 조절에 의해 재미를 주는 스킬도 좋은 방법이다.

셋째, 잠시 멈춤을 사용해 본다(Pause).
문장에서도 쉼표, 마침표 등이 있듯이 말을 하다가 적절한 시점에서 포즈를 주면 청중의 시선이 갑자기 집중된다. 이 포즈는 계획하지 않고 즉석에서 사용할 수 있는 방법이기도 하다. 특히 Chapter가 바뀔 때에는 포즈를 사용함이 좋은데, 그렇게 함으로써 프레젠터는 다음 메시지에 초점을 맞출 수 있으며, 호흡을 가

다듬을 기회도 갖게 된다. 그러나 너무 잦은 포즈의 사용은 주제에 대한 인식이 부족하다거나 연습이 제대로 되지 않았다는 이미지를 주므로 적절히 이용하도록 하자.

Voice Technique(목소리 테크닉)

쉬운 문제는 아니지만, 프레젠테이션에서는 일상 대화 시 사용하는 목소리가 아닌 '발표용 목소리'를 내야 한다. 물론 경험을 많이 갖다 보면 자연적으로 갖춰지게 되니 너무 걱정하지 않아도 되겠다.

그렇다면 발표용 목소리는 어떤 조건을 갖추어야 하나? 조금은 공식적인 느낌이 들어야 하고, 톤은 약간 높아야 하며, 세련되고 다듬어졌다는 느낌이 들도록 해야 한다. 음조·성조(Tone), 음량(Volume), 속도(Rate), 발음(Pronunciation) 등에 있어 열심히 훈련하다 보면 점점 발표용 목소리로 변해 감을 스스로 인식하게 될 것이다.

※ Tone(음조)

Monotone(단조로움)은 지양해야 하며, 톤 변화를 잘 주어 Modulation(음성의 변화, 조절)을 갖도록 해야 한다. 예전에 자신이 했던 프레젠테이션 기억을 되살려 보자. 목소리가 굉장히 무미

건조하였음이 기억나지 않는가? 평소에는 음의 고저가 자연스럽게 이루어지지만 긴장하게 되면 감정 전달이 없는 지루하고 단조로운 목소리가 되기 쉽기 때문에 이런 일이 생기는 것이다. 단조로운 어조는 청중을 지겹게 만들고 졸리게 할 수도 있으므로, 이런 점을 염두에 두고 톤을 조절하는 훈련을 꾸준히 하도록 하자.

※ Volume(음량)

음량은 모자라지도 넘치지도 않게 표적을 향해 날아가는 화살처럼 사용해야 한다. 장소의 크기, 발표시간 및 청중의 숫자 등 여러 환경을 고려하여 그에 맞는 적절한 크기를 내도록 하자. 특히 발표장 밖에서 공사를 하고 있다든지 하여 소음이 들린다면, 목소리를 좀 더 크게 할 필요가 있겠다.

※ Rate(속도)

말의 속도는 너무 빨라서도 안 되며 너무 느려서도 안 된다. 표준 속도를 숙지한 뒤 완급을 조절해야 한다. 평소 대화하는 속도면 적당하겠다.

※ Pronunciation(발음)

발음은 정확히 그리고 명확하게 해야 한다.

발음은 한 번 습관이 붙으면 고치기 힘들다. 평소 대화 시에도 어떤 사람이 하는 말은 알아듣기가 힘든데, 이는 소리가 너무 작다거나 발음이 부정확한 데서 기인한다. 즉, 입 속에서 우물거리는 데서 생기는 문제인데 몹시 나쁜 습관이다. 프레젠테이션에서는 절대로 이래서는 안 되겠다.

또한 문장의 시작과 끝은 꼭 정확하게 발음해 주어야 하는데, 말끝을 흐린다는 것은 자신이 없다는 이미지를 주기 때문이다.

20% 크게, 20% 천천히 하겠다는 마음가짐으로!

이는 발표 시 자기가 생각하고 있는 기준보다 의식적으로 20% 정도 크게 하고, 20% 정도 천천히 하라는 원칙이다.

그 이유는 일반적으로 긴장을 하게 되면 목소리가 속으로 들어가게 되고 자연히 그 크기가 작아지기 때문인데, 20% 정도 크게 하겠다는 생각으로 말하면 알맞은 크기가 된다.

또한 대중 앞에 섰다는 그 자체만으로 흥분이 되어 프레젠테이션 시작과 함께 말이 빨라지는 경향이 있는데, 그렇게 되면 프레젠터가 하는 설명을 청중이 잘 알아듣지 못하는 경우가 생긴다. 따라서 "20% 정도 천천히 하겠다."라는 마음을 가지고 진행하면 적당한 속도가 유지된다. 특히 도입부에서는 이 원칙을 꼭 지켜야만 청중들이 정확히 잘 들을 수 있으며, 이는 많은 청중 앞에서 발표할 때도 꼭 지켜야 할 사항이다.

발성 훈련

평소 대화할 때에도 의도적으로 배에서 나오는 소리를 내도록 하자. 목에서 나오는 소리보다 배에서 나오는 소리는 안정감을 주고 신뢰감을 느끼게 한다. 그리고 발표할 기회가 오면 거부하지 않고 꼭 해보아야 하는데, 그 시간을 통하여 자연히 발성 훈련을 하게 되는 것이다. 발표 중 자신이 내는 목소리를 스스로 느끼며, 수정 보완해야 할 부분을 점검해 보는 기회가 된다.

발표할 기회가 그리 많지 않다면 책이라든지 신문 등을 매일 조금씩 큰 소리로 읽어 보는 것도 아주 좋은 훈련법이다. 목소리는 많이 사용하면 할수록 좋아진다는 것을 명심하자.

제안된 아이디어가 매우 뛰어나더라도, 아무리 Eye contact, Gesture, Movement 등을 잘해도, 목소리 연출을 제대로 하지 않는다면 그 프레젠터는 50점 이하가 될 수밖에 없다는 사실을 인지하고 평소 적절한 목소리를 낼 수 있는 훈련을 열심히 하도록 하자.

6. Expression(표정)

표정은 프레젠터의 전체 이미지를 결정하는 중요한 요소이자 자신의 감정을 드러내 보이는 거울이므로 특히 신경을 써야 하는데, 프레젠터는 항상 밝고 부드러운 '열린 표정'으로 청중을 대해야 한다. 즉, 눈썹을 약간 올리고, 밝은 표정을 지으며 환한 얼굴을 보여주어야 한다.

반면 말할 때 입술만 움직이는 중립적인 표정이라든지, 화난 듯한 얼굴의 닫힌 표정 등은 피해야 한다. 일부 프레젠터들이 프로처럼 보이기 위해서 일부러 경직된 표정을 연출하기도 하는데, 굳은 표정을 지으면 청중은 발표자가 긴장하고 있다고 생각하여 불편해 한다.

허나 긴장을 하게 되면 열린 표정을 유지하기가 힘들어지며, 웃음을 지어보려고 하지만 어색한 표정밖에 나오지 않는데, 이는 안면 근육이 긴장되어 있기 때문이다.

얼굴의 표정을 만들어내는 데 필요한 근육은 30종류가 넘게 있으며, 이들은 서로 복잡하게 얽혀 있는데 이를 '표정근육'이라고 한다. 웃음은 이 표정근육을 잘 움직여야 쉽게 나올 수 있는데, 표정근육은 단련하면 할수록 근육의 움직임이 부드러워지기 때문에 보다 쉽게 웃음을 만들 수 있다. 그러므로 얼굴이 굳는 현상을 방지하기 위해서는 항상 거울을 보면서 자꾸 웃는 훈련을 해야 한다. 자꾸 그렇게 훈련하다보면 열린 표정이 만들어지며, 이러한 열린 표정을 자연스럽게 익히기 위해서 평소 일상적인 대화를 할 때라든지 인사를 나눌 때에도 항상 웃는 얼굴로 대하도록 하자. 웃는 얼굴을 보인다는 자체는 분위기를 부드럽게 만들어준다.

그리고 발표할 때 내용에 따라 표정의 변화를 주는 것은 상당히 바람직하다. 예로 부드럽고 자연스러운 표정으로 진행하다가 중요하다거나 심각한 내용이 나왔을 때 약간은 인상을 쓰는 듯한 표정을 지어주면 효과를 높일 수 있다. 그러나 이러한 표정의 변화 또한 자연스럽게 만든다는 것이 쉬운 일이 아니므로 지속적인 훈련과정을 거쳐야 한다.

만약 자기 표정이 어떨까 하고 궁금하다면 비디오로 촬영해서 살펴보자. 어떻게 개선해야 할지 쉽게 드러날 것이다.

7. Fashion(옷차림)

프레젠테이션에서 '옷차림'은 별로 중요하지 않게 여길 수도 있지만, 발표자의 이미지에 적지 않은 영향을 미친다. 꼭 멋지고 비싼 의상을 입는 것만이 능사는 아니다. 청중 및 분위기에 맞게 준비를 해야 하며, 깔끔하게 입는 것이 청중에 대한 예의다.

프레젠테이션 시 옷차림의 기본 원칙

- 청중을 분석한 후 그 자리에 어울리는 의상을 채택한다.
- 청중에게 친근감을 제공할 수 있는 의상을 채택한다.
- 유행을 너무 앞서가는 의상은 좋지 않다.
- 자신에게 어울리는 의상을 선택한다.
- 깔끔하다는 이미지를 제공하도록 한다.
- 새 옷은 익숙하지 않으므로 가급적 피하도록 한다.

다음은 옷차림에 있어 남성과 여성이 각기 고려해야 할 점들이다.

남성

- 짙은 계열의 잘 다림질된 감색 또는 회색 정장을 권장하며 검은색 은 가급적이면 피하도록 한다.

- 여름에도 긴 팔 와이셔츠를 입어야 한다. 덥다고 해서 반팔을 입지 는 말자. 왜냐하면 양복 윗도리를 벗고 진행할 상황도 생기는데 반 팔 와이셔츠는 그리 보기 좋지 않기 때문이다. 주의할 점은 날씨가 더워 윗도리를 벗고 싶어도 참석자 중 고위직에 있는 사람이 "윗도 리를 벗고 하시죠."라고 하기 전에는 가급적 벗지 않도록 하자.

- 윗도리 재킷단추를 다 풀고 발표하지 말자.

- 너무 튀지 않는 넥타이를 착용하자. 튀는 넥타이는 패션 감각을 돋보이게 할지는 몰라도 시선을 빼앗을 우려가 있다.

- 와이셔츠의 소매가 재킷 아래로 약 2~2.5cm 정도 나오게끔 한다.

- 바지통은 너무 좁지도 넓지도 않아야 한다.

- 양복 색깔과 잘 어울리는 무난한 구두를 선택해서 신는다.

- 양말은 반드시 검은색 계열을 신어야 한다.

- Accessory(장신구)는 시계나 반지에 한정하자.

- 넥타이 핀, 이름표 등은 시선을 빼앗으므로 되도록 착용하지 않도 록 하자.

- 동전이나 열쇠 등 소리가 나는 물건은 지참하지 않도록 한다.

- 주머니에 물건을 넣어 겉으로 볼록하게 나오지 않도록 한다.

여성

- 투피스 정장이면 무난하겠다. 바지든 치마든 큰 상관은 없다.

- 목선이 깊게 파인 상의나 길이가 너무 짧은 치마는 입지 않도록 한다.

- 힐이 높은 구두는 피하자. 다리를 쉽게 피곤하게 만들며 Movement 할 때도 조심스러워진다.

- 여름철에 덥다고 해서 샌들을 신고 발표하는 일은 절대 없어야 한다.

- 분홍색, 하늘색 등 파스텔 톤이나 연한 색 의상은 나약한 이미지를 제공하므로 피하는 것이 좋으며, 특히 검은색 의상은 나이가 들어보이게 하므로 입지 않도록 하자.

- 간단하면서도 깔끔한 장신구만 착용하도록 한다. 눈에 쉽게 띄거나 달랑거리는 장신구 등은 특히 여성 참석자들의 시선을 빼앗으므로 좋지 않다.

프레젠테이션에서의 스피킹

프레젠테이션에서의 스피킹(말하기 기술)은 발표시간의 대부분을 차지하는 '주인공'이며, 효과적인 스피킹은 자신감과 전문성을 강화시켜준다. 그러나 내용이 아무리 훌륭해도 바람직한 스피킹을 하지 못하면 그 가치가 떨어짐을 인정할 수밖에 없다. 따라서 말하는 기술을 어떻게 구사하느냐에 따라 내용의 전달 정도와 신뢰도 및 발표자의 이미지가 결정된다. 물론 평상시의 대화에서는 자연스럽게 부담 없이 말하는 게 가능하지만, 프레젠테이션을 할 때 생기는 중압감은 '자연스러움'을 방해하는 요소로 작용한다. 그러므로 효율적이고 가치 있는 발표를 하기 위해서는 꾸준한 스피킹 연습을 하도록 하자.

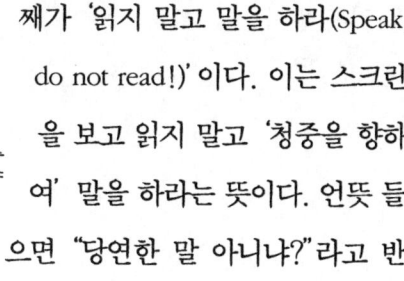

프레젠테이션에서 스피킹할 때는 크게 두 가지 원칙을 지켜야 하는데, 그 첫 번째가 '읽지 말고 말을 하라(Speak, do not read!)'이다. 이는 스크린을 보고 읽지 말고 '청중을 향하여' 말을 하라는 뜻이다. 언뜻 들으면 "당연한 말 아니냐?"라고 반문할지 몰라도 많은 프레젠터들이 스크린을 보고 책 읽듯 진행하는 경우를 쉽게 볼 수 있다. 그렇게 되면 힘없는 프레젠테이션이 되고, 프레젠테이션의 생명인 '설득력'은 포기해야 한다. 즉, 감정을 실어서 발표하기가 힘들어지고, 연결이 부자연스러워지며 단조로운 음성이 나오게 된다. 따라서 프레젠터는 발표 도중에도 항상 '내가 설득을 하고 있는지, 아니면 그냥 스크린을 보고 읽고 있는 건지'를 스스로 점검해야 한다. Eye contact가 되지 않는다면 '설득'이란 불가능하다는 점도 알아두어야겠다. 스크린에 띄워져 있는 글을 그대로 보고 읽는 방식은 최악의 프레젠테이션이다.

두 번째 원칙은 '청중에게'가 아닌 '청중과 대화하듯이' 자연스럽게 진행하는 것이다. 말하는 사람은 프레젠터 한 명이며 청중은 듣는 사람들이지만, 프레젠테이션의 핵심이 'One-way communication'이 아닌 'Two-way communication'임을 감안하면, 혼자 떠들 문제는 아닌 것 같다. 말은 프레젠터 혼자 하지만 청중과 같이 호흡하고 마치 서로 대화하는 것처럼 스피킹해야 함을 잊지 말자.

1. 발표원고(Slides) 및 설명과 관련된 스피킹

◎ 매 Chapter마다 핵심을 요약해 준다.

프레젠터야 발표 전반에 대해 훤히 꿰뚫고 있으므로 주제나 내용이 머릿속에 잘 정리되어 있겠지만, 청중들은 그렇지 않음을 알아야 한다. 인정하기 싫겠지만 청중의 망각 속도는 우리가 일반적으로 알고 있는 이상으로 빠름을 염두에 두자. 따라서 중간 중간 정리해 주는 과정을 거치면, 발표가 끝난 후에도 청중이 내용을 잘 기억할 수 있게 된다.

즉, 4개의 Chapter로 이루어져 있다면, 각 Chapter의 설명이 끝날 때마다 총 4번의 요약을 해주어야 한다. 그 요약은 1~2분을 넘어서는 곤란하다. 필요하다면 요약 페이지를 별도로 작성하여 슬라이드에 포함시키는 방법도 있겠다.

◎ 중요한 핵심 내용은 반복해서 설명한다.

프레젠테이션의 가장 중요한 메시지는 발표가 끝난 후에도 반드시 청중의 기억 속에 강하게 남아있어야 하며, 그러기 위해서는 반복해서 설명해 주는 방법이 좋다. 예를 들어 광고 프레젠테이션을 실시함에 있어 '컨셉' 부분은 가장 중요한 핵심메시지라고 할 수 있으며, 이를 설명할 때 두세 번 반복해서 읽어 준다면 청중들의 머릿속에 오랫동안 기억될 수 있을 것이다.

◎ 슬라이드 1페이지 당 평균 1~2분 정도의 설명시간을 갖는다.

모든 프레젠터들이 기본적으로 반드시 점검해 보아야 할 사항이다. 자신이 준비한 원고가 정해진 시간 내에 끝낼 수 있는 양인지를 가늠해 보아야 한다. 한 슬라이드 당 최소한의 설명 시간을 가져야 하며, 평균 약 1~2분을 할애하는 게 좋다. 따라서 총 시간이 30분이라면 15~20 페이지 정도가 적당하다(때에 따라선 25페이지도 가능). 그 이상의 분량이라면 말이 빨라지게 되며 자연히 슬라이드도 빨리 넘어가게 되고, 그렇게 되면 청중들은 '내용'을 듣는 것이 아니고 단지 '소리'만 듣고 있는 꼴이 된다. 심한 경우 모든 슬라이드 설명을 1분 이내에 바쁘게 끝내고 바로 다음 페이지로 넘어가는 경우도 있는데, 이렇게 되면 청중들은 프레젠터를 따라가는 데 숨이 차며 슬라이드를 보라는 건지 보지 말라는 건지 의아해한다. 따라서 '정해진 시간 내에 끝내야 한다.'라는 자기중심적 사고에서 탈피하여, '청중들이 얼마나 잘 이해할 수 있나?'를 우선적으로 고려해야겠다.

주의할 점은 모든 슬라이드를 똑같은 비중을 두고 설명하는 경우가 있는데 이는 결코 바람직하지 않다. 핵심적인 메시지가 담겨 있다거나 자세한 설명이 필요한 슬라이드는 5분 이상 할애할 수도 있으며, 가볍게 넘어가는 슬라이드는 1분 이내에 끝내도 무방하다. 그래야만 중요한 부분을 강조할 수 있고, 청중을 제대로 이해시키는 데도 무리가 가지 않는다.

◎ 해당 페이지에 없는 내용을 말하는 데 오랜 시간을 낭비하지 않아야 한다.

전문적으로 보이기 위해 또는 멋있게 진행하게 하기 위해 설명하고 있는 페이지와 무관한 얘기를 오랫동안 하는 일이 가끔 있는데, 이는 청중들에게 혼란만 가중시킬 뿐이다. 그렇게 되면 혹자는 다음과 같은 생각을 하게 된다. '자기가 지금 보여주는 내용을 읽어달라는 건지, 아니면 하고 있는 말을 들어달라는 건지 통 알 수가 없단 말이야.'

특별한 경우가 아니라면 스크린에 있는 내용을 위주로 진행해야 한다. 그러나 해당 페이지 이외의 내용을 꼭, 그것도 좀 길게 언급해야 한다면 스크린에 아무 것도 보이지 않도록 한 후 말하도록 하자. 이럴 경우 키보드의 B 글쇠를 눌러 스크린 화면을 검은 바탕으로 해놓든지, W 글쇠를 눌러 흰 바탕으로 해놓고 설명하면 된다. 물론 설명이 끝난 다음 다시 B, W를 누르면 원래 바탕으로 돌아오니, 이전 내용을 계속해서 진행해 나갈 수 있다. 프레젠터 본인이 직접 이러한 작동을 해도 되지만, 시점을 미리 계획하여 보조 요원이 이러한 작동을 대신한다면 보다 전문적인 이미지를 전달할 수 있다.

◎ 발표주제와 별 관련이 없는 사항을 얘기하는 데 시간 낭비를 하지 않아야 한다.

설명을 하는 도중이라든지 끝난 후 질문을 받았을 때 발표 주제와 별 연관성이 없는 이슈에 가끔 접하게 되더라도 반드시 핵심 주제에 치중해야 한다. 만일 그렇지 않다면 프레젠테이션이 끝난 후 정작 본론과 관련된 결과를 도출하기가 힘들어지며, 발표자가 필요 없는 곤궁에 빠지게 될 우려도 있고 청중이 혼란에 빠질 수도 있다. 사소한 문제에 집착하지 말고, 항상 발표주제가 무엇인지를 머릿속에 넣은 상태에서 프레젠테이션을 전개해 나가도록 하자.

◎ 제안사항이나 주장에 대해서는 분명한 근거를 제시하고, 근거가 불분명하다면 주장을 펴지 않아야 한다.

가끔 뚜렷한 근거 없이 주장을 펼친다거나, 어림짐작 또는 개인적인 의견을 가지고 중요한 사항을 언급하게 되는 순간이 있는데,

이 때 청중이 그냥 넘어가면 별 문제가 없겠지만 꼼꼼히 따진다면 굉장히 곤란해진다. 무슨 질문이 나와도 어떤 토론을 펼쳐도 자신 있는 사항만 강하게 주장해야 한다. 특히 핵심메시지와 관련된 주장이라면 완벽한 준비가 필요하다. 단지 표현만 하지 않을 뿐이지 근거 없는 주장을 받아들이는 청중은 거의 없다. 물론 주장에 걸맞는 근거를 만든다는 게 쉬운 일은 아니지만, 아무리 훌륭한 주장이라 하더라도 납득할 만한 근거가 없다면 그 가치는 떨어진다.

◎ 객관적으로 증명하기 힘든 사실을 임의대로 일반화시켜서 말하면 안 된다.

주장하고자 하는 논리의 관철을 위해서는 객관적으로 증명된 자료나 사례 등이 꼭 필요하다. 물론 전문가로서의 경험 등도 때론 유용할 수 있지만, 대개 객관화가 되지 않은 자료로 설득시키기란 쉽지 않다.

◎ 청중이 의구심을 가지는 태도를 보인다면 자심감에 찬 어조로 말해 주어야 한다.

발표내용에 대해 청중이 확신을 갖지 못할 경우도 가끔 생기는데, 이때는 전문가로서의 자신감 있는 태도를 보여 주어야 한다. 그래야만 청중들도 확신을 가질 수가 있으며 반면, 충분히 납득했다고 판단될 경우에는 다소 겸손한 태도를 보여 주어도 되겠다.

◎ 설명이 잔소리처럼 들리지 않도록 조심해야 한다.

청중들에게 물어보면 대부분의 프레젠터들이 잔소리를 너무 많이 늘어놓는다는 생각을 한다고 한다. 즉 시시콜콜 말이 많다는 불평이다. 이는 대개 '혹시 실패하지는 않을까?' 라는 발표자의 두려움에서 기인한다. 물론 모든 청중들이 내용을 쉽게 이해하는 것도 아니지만, 그렇다고 너무 친절하게 설명하다보면 오히려 역효과가 일어나니 주의해야 한다. 준비과정과 발표를 함에 있어 정확히 요점만을 말하는 훈련을 기르도록 하자.

◎ 유머 사용도 괜찮은 방법이다.

웃음은 분위기를 부드럽게 해주는 역할을 한다. 심각한 자리이든 가벼운 자리이든 웃음이 나온다면 그 발표는 성공적이라고 보아도 무방하다. 그만큼 웃음의 역할은 크다. 또한 발표자는 중간중간 청중의 관심을 집중시킬 수 있는 장치를 만들어야 하는데, 유머가 그 역할을 충분히 해준다. 많은 프레젠터들이 이를 잘 알고 있기 때문에 유머를 사용해가며 웃음을 유도해 낸다. 그러나 웃음을 유발하기 위해 대중적인 유머를 함부로 사용해서는 곤란한데, 이는 청중에게 부담을 주며 분위기를 오히려 이상하게 만들기 때문이다. 따라서 유머는 반드시 무난한 수준이어야 한다.

그리고 유머를 사용하더라도 웃음이 나오기를 꼭 기대해서는 안 된다. 웃음이 나온다면 다행이지만 웃음이 나올 때까지 기다린다거나, 웃음이 안 나온다고 실망을 할 필요는 없다.

2. 표현과 관련된 스피킹

◎ 청중의 수가 많을 때는 좀 더 다양하고 좀 더 크게, 그리고 좀 더 강조점을 두어 말하도록 하자.

앞서 청중 분석에서도 언급하였지만 참석자 수가 많을 때는 분위기가 산만해지기 쉬우며 집중시키기도 힘들다. 따라서 청중을 집중시킬 수 있는 여러 가지 스킬을 동원해야 하며, 이 때 스피킹의 역할은 굉장히 크다. 소수일 때보다 스피킹을 좀 더 다양하게 구사한다면 분명히 좋은 효과가 있을 것이다. 그리고 입을 다소 크게 벌리고 말하도록 하자.

◎ 표준어를 사용하자.

우리나라의 적지 않은 사람들이 비수도권 출신이기 때문에 표준어를 사용하지 않는 비율이 꽤 된다. 그리고 수도권이 아닌 지방 출신 프레젠터라면 누구나 걱정하는 문제가 바로 방언이다. 여기서 방언이라 함은 억양까지를 포함하지는 않는다고 보면 되는데, 억양까지 표준 억양을 사용하면 더욱 좋겠지만, 설명이나 문장 중에 나오는 어휘는 반드시 표준어를 사용해야 한다. 만약 특정 지역에서만 사용되는 방언을 구사한다면 대부분의 청중은 그 단어를 제대로 이해하지 못하게 되고, 프레젠터의 이미지 또한 좋지 않게 되므로 반드시 표준어를 사용하도록 하자.

◎ '어미' 도 주의하여 사용하자.

'~요' 라는 어미의 사용은 피하도록 하자. 일생 생활에서야 전혀 문제가 되지 않는 어미이지만, 프레젠테이션을 할 때는 삼가야 하는데 이는 공식적인 느낌과 전문성이 떨어져 보이기 때문이다. 즉, '그랬는데요, ~해보았는데요.' 등의 표현보다는 '그렇습니다. ~했습니다.' 등으로 표현해 주는 것이 좋다.

또한 '~라고 생각합니다.' 라는 표현보다는 '~해야 합니다.' 등 자신감이 드러나는 표현을 사용하도록 하자. 혹자는 '겸손한 표현이 아니지 않느냐?' 라는 의문을 갖기도 하겠지만, 겸손함과 자신감은 분명히 그 차원이 다름을 알아야 한다.

◎ 모든 용어나 이름은 특히 정확하게 발음해 주어야 한다.

프레젠테이션을 준비하다 보면 내용 중에 전문용어나 브랜드네임 등이 많이 포함된다. 프레젠터야 자신이 직접 선택한 단어이므로 정확히 인식하고 있겠지만, 청중은 제대로 알아듣지 못하는 경우가 많으므로 용어, 이름 등은 특히 신경을 써서 정확하게 발음해 주어야 한다.

그리고 단어를 축약하여 말하는 경우도 있는데 이 또한 좋지 않은 습관이다. 일례로 Negative를 Nega로 Positive를 Posi로 표현한다면, 듣는 사람들에 따라 그 축약된 단어의 의미를 이해할 수도 있고 못할 수도 있으니 원래 단어로 정확히 전달해 주어야 한다.

◎ 말을 더듬었다면 아무 일 없었던 것처럼 다시 한 번 정확히 발음하고 다음으로 넘어간다.

매우 노련한 프레젠터라 하더라도 한두 번 정도 말을 더듬는 일은 꼭 생긴다. 문제는 더듬는 그 자체가 아니라 더듬음으로 해서 생기는 스스로의 당혹감이다. 그러나 그렇게 염려할 필요는 없다. 너무 자주 더듬지만 않는다면, 청중들은 쉽게 알아차리지도 못할 뿐만 아니라 민감한 반응을 보이지도 않는다. 따라서 한번 더듬었다고 해서 당황해할 필요는 없으며, 여유를 갖고 더듬었던 말을 다시 똑바로 반복한 후 아무 일 없었던 것처럼 자연스럽게 계속 진행해 나가면 되겠다.

◎ 영어를 너무 자주 사용하지 말자.

유식함을 자랑하고 싶어서 의도적으로 과다하게 영어를 사용하는 습관은 별로 좋지 않다. 듣는 사람들의 성향이라든지 특성에 따라 다소 차이는 있을 수 있지만, 건방지다는 느낌을 줄 수 있으며 잘난 척 한다는 오해를 살 수도 있다.

◎ Filling words(단지 채우는 단어, 의미 없는 단어)는 절대로 사용하지 않도록 한다.

사람들이 말하는 습관을 가만히 살펴보면, '어, 음, 그, 저, 에, 뭐, 어떤, 좀(조금), 다음, 일단, 아니, 아마' 등의 필요 없는 단어들을 자주 사용한다. 영어에서도 'Um, Ah, You know, Well' 등의 Filling words(Filler)가 있듯이 Filling words가 없는 언어는 없다. 즉, 인간이면 누구나 특별한 '의미 없는 단어'를 사용하고 있는데, 거의가 이런 습관을 스스로는 감지하지 못한다.

그런데 프레젠테이션에서 이런 Filling words를 자주 사용하다 보면 여러 가지 문제점이 생긴다. 우선 전달력이 떨어지며, 전문가답지 못한 인상을 주게 되고, 품위와 신뢰도도 떨어지며, 자신감도 없어 보인다. 따라서 녹음 리허설 또는 주변인들을 통하여 본인이 자주 사용하는 Filling Words가 무엇인지를 파악해야 하며, 발표 시 절대로 사용하지 않도록 하자.

◎ 듣기 싫은 필요 없는 소리는 내지 않는다.

공기를 입으로 마시며 '스'라는 소리를 내며 말을 시작하는 사람도 있고, 문장 읽기를 끝내고 그 때마다 '쩝'이라는 소리를 내는 사람들이 있다. 아주 안 좋은 습관이다. 그러한 소리가 한두 번으로 그치면 큰 문제가 되지 않겠지만, 계속해서 나온다면 귀에 상당히 거슬리므로 녹음 등을 통하여 확인 한 후 반드시 고치도록 하자.

3. 프레젠터의 이미지와 관련된 스피킹

◎ 아는 체하고 건방진 이미지를 풍기는 말투를 사용해서는 안 된다.

이런 발언을 하면 프레젠터가 청중을 존중하지 않는 태도처럼 보이며, 청중보다 우월하고 그들의 견해가 별 가치가 없다는 것을 넌지시 암시하는 거나 다름없다. 그리고 무언가를 가르치려 한다는 느낌을 제공하기도 하는데, 이는 프레젠터 자신의 이미지를 깎

아먹는 거나 마찬가지다. 청중은 반발함으로써 이에 반응한다. 왜 나하면 모든 청중들은 프레젠테이션에 대한 전문 지식이 없음에 도 불구하고 발표를 통해서 존중받기를 기대하기 때문이다. 따라 서 지나치게 자신을 낮추는 자기비하적인 언행도 바람직하지 않지 만, 억압적인 말투나 상대방을 무시하고 자신을 내세우는 듯한 표 현은 자제하도록 하자.

그리고 반말조의 어투를 사용하는 사람들도 간혹 있는데 이는 청중을 적대자로 만드는 지름길이다. 청중을 조금이라도 존중하 는 마음이 있다면 절대로 이런 행위가 나올 수 없음을 너무나도 잘 알고 있을 것이다.

◎ 주장을 관철시키기 위한 강요하는 듯한 표현은 삼간다.

모든 프레젠터가 자신이 세운 목표를 달성하기 위해 최선의 노 력을 다한다. 다행히 주장하는 바를 청중이 모두 수긍한다면 별 문제가 없겠으나, 그렇지 않다면 마음이 다급해지게 되며 '무리 수'를 두게 되고 급기야 목표 관철을 위해 강요하는 듯한 표현을 사용하곤 한다. 이런 일은 자신의 주장을 강압적으로 설득시키려 고 하는 욕심에서 기인하는 것이다. 그렇게 되면 청중들은 한 걸 음 더 멀어지며, 프레젠터의 신뢰도가 추락되고 이미지 또한 저하 되므로 조심하도록 하자.

◎ 시간이 부족해서 준비를 제대로 하지 못했다는 말은 하지 말자.

　모든 청중들이 똑같다고 보면 된다. 업무를 의뢰한 회사에 극히 짧은 시간밖에 줄 수 없지만, 그럼에도 불구하고 최선을 다해 최고의 결과물을 제시해 주기를 원한다. 그리고 다른 모든 일을 제쳐놓고 자기 일만을 열심히 해줄 거라고 믿는다. 이러한 청중의 마음을 십분 이해해 주어야 하며, 그에 대한 심리적 보상까지 해준다면 신뢰가 더 쌓일 수 있다. 따라서 "짧은 시간이었지만, 힘껏 준비했습니다."라는 표현을 사용하면 효과적인 반면, "시간이 부족해서 제대로 준비를 하지 못했습니다."라고 한다면 거의 대부분의 청중들은 준비기간의 한계에 대한 이해를 하기보다는 내용에 대한 불신과 섭섭한 마음을 감추지 않을 것이다.

　업무 요청을 받은 회사가 얼마만큼의 기간 동안 얼마만큼의 공을 들여 노력하였는지에 대해서는 청중이 자세히 알기 어렵다. 물론 힘닿는 한 최선을 다해 준비를 해야겠지만, 설사 노력이 다소 부족했다 하더라도 이미지를 저하시키는 표현은 하지 않도록 하자.

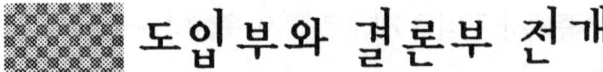

도입부와 결론부 전개

발표를 함에 있어 도입부와 결론부를 어떻게 전개하느냐에 따라 결과는 상당히 달라질 수 있다. 그만큼 도입부와 결론부는 중요한 부분이며, 프레젠테이션을 한번이라도 경험해 본 사람이라면 처음과 마지막 60초가 얼마나 중요한지 충분히 인식하고 있을 것이다.

도입부에서는 어떻게 해서든지 청중의 집중(Attention)을 끌어내야 하고, 결론부에서는 감동(Impression)을 주어야 한다. 그렇지 않으면 본론부가 아무리 좋아도 전체적으로 큰 효과를 거둘 수 없음을 반드시 기억하자.

그러면 이 중요한 도입부와 결론부를 어떻게 전개해 나가야 되는지에 대해 살펴보기로 하자.

1. 도입부 전개

프레젠터는 프레젠테이션이 시작되자마자 Eye contact(청중과의 눈맞추기)등을 이용하여 청중을 자신에게 집중시키도록 만들어야 하며, 이런 집중은 끝날 때까지 지속되도록 만들어야 한다.

그리고 도입부에서는 듣는 사람이 이 자리에 참석한 가치를 깨닫게 해주어야 하는데, 대부분의 청중들이 바쁜 시간을 내어 참석한 만큼 꼭 경청하겠다는 마음이 들도록 해야 한다. 또한 이 발표가 왜 의미 있는지를 느끼게끔 만들어야 하고, 그러기 위해서는 주제의 중요성을 강조해 주는 것도 좋다.

다음은 도입부 전개에 있어서의 몇 가지 고려사항이다.

◎ 도입부는 짧고 강하게!

도입부가 너무 늘어지면 "도대체 본론은 언제쯤 시작됩니까?"라는 의문을 갖게 되며, 앞으로 나오게 될 내용에 대해 과다한 기대를 하기 쉽다. 동시에 과연 무슨 얘기를 하려고 저러는지에 대해서도 상당히 의아해 할 것이다. 청중은 용두사미(龍頭蛇尾)를 싫어한다. 따라서 단도직입적이고 임팩트(Impact)를 줄 수 있는 도입부를 전개하도록 하자.

◎ 프레젠테이션을 통하여 주로 다루어질 내용에 대해 언급한다.

프레젠터는 오랜 기간 동안 연구해 왔기 때문에 주제에 대해 통달하고 있지만, 대개의 청중들은 그렇지가 않다. 따라서 전달하고 자 하는 주요항목 및 결정사항 등 전체적인 개요에 대해 미리 정보를 주어야 한다. 이 때 말하고자 하는 발표 순서를 함께 언급해 주는 것도 좋다.

◎ 발표주제를 명확히 제시한다.

발표주제는 발표자와 청중 간에 연결고리를 확실히 만들어 주는 매개체라고 할 수 있다. 따라서 주제에 대한 개념이 명확히 잡혀 있지 않다면 발표효과는 전혀 기대할 수 없게 된다.

특히 청중 중에는 주제가 무엇인지를 정확히 모르고 참석한 사람이 분명히 있을 수 있으므로, 발표 시작 시 주제에 대해 언급을 해주어야 한다. 그렇지 않으면 발표를 들으면서도 도대체 어디에 초점을 맞추고 들어야 하는지를 모르는 경우가 생길 수 있다.

그리고 참석인원이 많은 상황에서는 그들이 입장하기 전에 발표 제목(Title)이 담긴 슬라이드가 이미 떠 있어야 하는데, 이는 왜 이 자리에 왜 참석해야 되는지를 모르는 사람에게 발표주제가 무엇인지를 미리 고지시키는 역할을 해준다.

◎ 첫 멘트부터 슬라이드에 있는 사항을 말하는 방식은 바람 직하지 않다.

Creative opening을 이용하든지 발표 목적이나 목표를 먼저 짚어준 후에 스크린에 있는 내용으로 넘어가는 방식이 관심을 쉽게 끄는 기술이다. 첫 멘트부터 스크린에 있는 사항을 말한다면 타이틀(제목) 또는 순서(Content)를 읽게 될 것이고, 그렇게 되면 자연스러움과 여유로움이 느껴지지 않게 된다. 프레젠테이션 타이틀은 적혀 있는 그대로 꼭 읽지 않아도 된다. 다른 멘트로 대신해도 되니 효율적인 방법을 강구해 보자.

◎ 청중들이 별 관심을 보이지 않으리라고 예상되면 심각한 접근으로 시작하는 것도 괜찮은 방법이다.

이런 접근은 물론 분위기를 보고 사용해야겠지만, 일례로 "우리 브랜드에 치명타를 날릴지도 모를 사건이 벌어진다고 가정했을 때 여러분은 당장 어떤 조치부터 취하시겠습니까?"라는 심각한 질문을 던지는 것도 하나의 방법일 수 있다.

◎ 상황이 허락된다면 주의 집중을 위해 유머나 위트로 시작해 본다.

청중 및 발표 자리를 고려한 후 유머가 허락되는 상황이라면 유머로 프레젠테이션을 시작하는 방법도 괜찮다. 프레젠테이션을 편하고 부드럽게 시작할 수 있고, 청중들과의 벽을 허물 수 있으며 교감도 나눌 수 있기 때문이다. 그러나 주의해야 할 점이 많다. 유머 소재는 발표내용과 연관이 있어야 하며, 듣는 사람들의 직업, 성별, 연령대, 교육 수준 등을 고려해서 선택해야 한다. 그리고 웃음이 나오리라는 확신이 드는 유머만 사용해야지 발표자 혼자 웃는 썰렁한 분위기가 된다면 오히려 역효과만 초래할 뿐이다.

◎ 처음 몇 페이지는 원고를 외워서 말하도록 하자.

아무리 연습을 열심히 하더라도 원고를 100% 외운다는 게 결코 쉬운 일은 아니다. 그러나 첫 몇 페이지는 완벽히 외워서 스크린을 보지 않고서도 말할 수 있어야 한다. 비록 중후반부에서는 Eye contact를 좀 소홀히 하더라도 도입부에서는 관심 집중을 위하여 Eye contact를 꼭 해주어야 하며, 그러기 위해서는 원고에 대한 암기가 반드시 필요하다. 그럼으로써 얻을 수 있는 효과는 바로 프레젠터에 대한 믿음과 프로다운 이미지이다.

◎ 질의응답 시간이 언제 이루어질지 알려준다.

프레젠테이션에서는 질문이 없을 수가 없다. 그런데 발표를 듣는 도중 질문을 해야 될지 아니면 끝날 때까지 기다렸다가 질문해야 될지에 대해 청중들이 의아해하는 일이 간혹 생긴다. 성격이 급한 이라면 참지 못하고 발표 중간에 질문을 하게 되며, 혹은 "지금 질문해도 됩니까?"라고 묻기도 한다. 따라서 청중을 배려하는 차원에서 질의응답 시간이 언제 이루어질지에 대해 미리 알려주도록 하자.

◎ 발표 소요 시간에 대해 알려준다.

주최 측에서 발표자에게 어느 정도 시간 내에 끝내 달라고 미리 통보하고 참석자들도 그 소요시간을 미리 알고 있다면 문제가 되지 않겠지만, 그러한 경우가 아니라면 발표시간은 천차만별이 될 수 있으며, 청중들도 소요시간에 대해 궁금해 할 것이다. 따라서 발표 시작 전에 "오늘 발표는 대략 몇 분 정도 소요되겠습니다."라는 정보를 미리 주는 것이 좋다. 왜냐하면 발표가 언제 끝날지 궁금해 하는 참석자도 있을 수 있으며, 다음 스케줄이 있는 참석자는 발표 중간에 나가야할지 아니면 발표가 끝날 때까지 기다려야할지를 결정할 수 있기 때문이다.

2. 결론부 전개

기본 원칙

◎ 직설적으로, 강하면서도 간단하게 끝내야 한다.

프레젠터가 발표하는 일도 쉽지 않지만, 청중들이 듣는 것도 역시 쉬운 일은 아니다. 광고 대행사의 경쟁 프레젠테이션은 많게는 5개사 발표가 하루에 모두 이루어지며, 당연히 청중들의 피로도는 높아질 수밖에 없다. 따라서 본론부 자체만을 듣는 과정도 쉬운 일이 아닌데, 결론부까지 늘어진다면 청중 가운데 일부는 내색은 않지만 짜증을 낼 우려도 있으므로 모든 내용을 정리한다는 의미에서 집약된 결론부를 깔끔하게 제시해야 한다.

또한 결론부를 맥없이 시시하게 끝낸다면 지금까지 열심히 외쳐왔던 모든 내용들이 수포로 돌아갈 수 있으므로, 강한 인상을 남길 수 있는 짜릿한 아이디어를 반드시 준비하도록 하자.

◎ 기억에 남을 만한 멘트로 끝내야 한다.

약 80% 이상이 다음과 같이 결론부를 끝낸다고 보면 된다. "끝까지 경청해주셔서 감사합니다." 그리고 박수를 기다린다. 그러나 이런 의례적인 표현은 가급적 삼가는 게 좋다. 청중들의 귀에 잘 들리지도 않는 멘트이다. 따라서 "오늘 발표내용 중 딱 한 가지만 기억하신다면, 바로 이것입니다." 또는 "우리는 이러이러한 전략에 대해 검토해보았습니다." 등으로 마무리하는 방법을 권장하고 싶다. 모든 청중은 발표 마무리 시점에서 들었던 말을 가장 생생하게 기억함을 잊지 말자.

◎ 핵심인물로부터 호의를 이끌어내야 한다.

도입부와 본론부를 전개하면서 핵심인물의 심리상태를 충분히 파악하여, 과연 그는 어떠한 생각을 하면서 발표를 들었을까를 추리해 보아야 한다. 그가 관심 있어 하는 부분은 무엇이었는지, 어떠한 내용에서 고개를 끄덕였는지, 관심을 두지 않았던 부분은 어디였는지 등을 파악해야 한다. 이러한 요소들을 결론부에서 충분히 반영을 하여 마무리함으로써, 핵심인물이 발표전반에 걸쳐 긍정적인 생각을 갖도록 할 수 있다.

주의사항

◎ 추가적인 새로운 정보를 언급하지 않도록 하자.

준비한 발표가 모두 끝났음에도 불구하고 새로운 정보를 추가적으로 언급한다면, 또 다른 주제로 발표를 다시 시작하는 것과 다름없다. 이렇게 되면 프레젠터도 곤란해지고 청중들도 당황하게 되며 소요 시간도 예정보다 훨씬 더 초과하게 된다.

◎ 부정적인 어조는 삼가도록 하자.

결론부는 언제나 희망적인 분위기로 끝내야 한다. '저들이 제시한 주장대로 집행하면 매출액이 오르고, 브랜드 이미지도 더욱 확고해지겠구나.' 등의 긍정적인 느낌이 들게끔 해주어야 한다. 그런데 결론부에서 부정적인 어조를 사용한다면, 지금까지 전달한 모든 사항에 대해 의문을 갖게 되기 쉬우며 확신감도 급격히 떨어진다.

◎ 사과나 변명은 굳이 할 필요가 없다.

발표 도중 자료가 불충분했다거나 받은 질문에 대해 납득시키지 못할 답변을 하는 상황도 간혹 발생하지만, 그것은 그 때로 끝내야 한다. 마감하는 시점에서 그 사실을 다시 언급해가며 부연설명 또는 정정을 한다면 시간도 길어지게 되고 청중들도 혼란스러워

할 것이다. 필요 없는 말을 함으로써 자신 없는 모습을 보인다거나 변명하는 듯한 이미지를 주지 않도록 하자.

◎ 발표가 완전히 끝나기 전에 자료를 챙기거나 기자재 정리를 하지 않도록 하자.

발표 마무리 시점에서 참석자 중 누군가가 명함이나 보고서 기타 자료들을 챙기면서 그 자리를 빨리 떠나고 싶어 하는 모습을 프레젠터가 본다면 기분이 썩 좋지는 않을 것이다. 마찬가지로 프레젠테이션이 완전히 끝나지 않은 상황에서 프레젠터가 자료나 기자재를 정리하는 모습을 보여주게 된다면 더 이상 토론하고 싶지 않다는 이미지를 풍기게 될 것이다. 모든 과정이 끝났다고 쌍방이 인정하기 전에 자료를 챙긴다든지 기자재 정리를 하는 모습을 보이지 않도록 하자.

제5장

질문에 대한
응대 요령

Key Points

♣ 대답을 잘 할 수 있는 방법
♣ 질문 받았을 때의 태도
♣ 질문의 종류
♣ 프레젠터를 곤혹스럽게 만드는 질문자 유형
♣ 대답할 때의 고려사항
♣ 답변의 4단계
♣ 질의응답 순서 비교

presentation

질문에 대한 응대 요령

　　일전에 잘 아는 프레젠터에게 "프레젠테이션과 관련하여 가장 싫은 시간이 언제냐?"라고 물었더니 서슴없이 "질의응답 시간이다."라는 대답을 했다. 너무나도 이해가 가는 말이다. 프레젠터가 가장 두려운 시간이 있다면 바로 질의응답 시간이 아니겠는가? 발표내용이야 열심히 준비했기 때문에 '누구 못지않게 잘 할 자신이 있다.'라는 자신감을 갖고 진행할 수 있겠지만, 질의응답은 '대답하기 힘든 질문이 나오지나 않을까?'라는 두려움과 함께 제대로 대답 못했을 경우에 생기는 스트레스 등으로 인해 큰 부담감으로 작용한다. 그리고 평소 실력이 그대로 드러나며, 뛰어난 순발력이 요구되기 때문에 절대로 만만하지 않음은 분명하다. 또한 프레젠테이션을 여유 있게 진행하였다 하더라도 질문을 받으면 모든 사람이 초조해지는 경향이 있으므로 쉽게 덮을 수 있는 문제는 아닌 듯하다.

　　그러나 질의응답 시간은 또 하나의 좋은 기회라고 봐야 한다. 무엇인가를 확실히 남길 수가 있으며, 시간 관계상 미처 설명하지

못했거나 놓쳤던 부분을 답변을 통해서 추가적으로 설명할 수 있는 기회이기도 하기 때문이다. 따라서 질의응답 과정에 대한 불평을 하기 전에 '토론할 수 있는 또 다른 기회'라고 여기고, 단지 잘 넘겨보자는 식의 안이한 생각을 갖기보다는 '또 하나의 프레젠테이션'이라는 긍정적인 개념으로 사전에 열심히 준비하는 자세가 필요하다. 아무런 질문이 나오지 않은 것이 발표가 완벽하게 끝났기 때문이라는 착각은 하지 말자.

반갑지만은 않은 질문과 응대 시간, 프레젠테이션의 전문성과 신뢰성을 높이기도 하지만 자칫 잘못하여 미숙한 대응으로 프레젠테이션을 잘 했음에도 불구하고 모든 것이 수포로 돌아갈 수 있음을 꼭 명심하고, 자신감을 갖고 질문에 대한 응대를 효율적으로 잘 할 수 있도록 철저히 준비하자.

 대답을 잘 할 수 있는 방법

질문에 대해 효율적으로 대응할 수 있는 방법이 있다면, 그것은 바로 '질문을 미리 예상하는' 것이다. 즉, '도대체 어떤 질문이 나올까?' 라는 사전 준비를 철저히 해야 한다. 시험을 치를 때도 미리 풀어 본 문제가 나왔다면 미소를 지으며 자신 있게 정답을 적듯이, 예상한 질문이 나오면 미소를 머금고 여유 있게 답변할 수 있을 것이다. 필자도 경험에 비추어 볼 때, 대부분의 질문들이 미리 예상했던 데서 나왔다는 기억이 매우 많이 난다.

또한 질문을 미리 예상한다는 것은 질문을 받는 것과 관계없이 발표자로 하여금 자신감을 갖게 해주며, 실제로 예상한 질문이 나온다면 미리 예상하지 못한 질문에 대해서까지도 여유 있게 대처할 수 있는 기회를 제공해 주므로 큰 효과가 있다.

그리고 예상 질문에 대한 답변은 입으로 직접 발음을 해보아야 한다. 머리로만 읊고 입으로 연습해 보지 않는다면 유창한 답변이 나오기가 힘들다. '연습의 중요성' 에서도 언급했지만 발음을 한 번 해봄으로써 혀가 그 단어나 문장을 기억하는 데 도움을 주기 때문이다.

 # 질문 받았을 때의 태도

◎ 여유를 갖고 미소를 지으며 질문을 받도록 하자.

질의응답 시간이 되면 프레젠터들이 긴장하는 경향이 많다고 했다. 그러나 질의응답 시간은 침착함이 가장 필요한 시간이기도 하다. 받는 질문마다 청중을 만족시키고 평소 실력을 자신 있게 보여주는 대답만 해 나간다면 더할 나위 없겠지만, 아무리 질문을 철저하게 예상한다 하더라도 대답하기 곤란한 경우가 분명히 생길 수 있으므로, '만약 내가 대답하기 힘든 질문이 나오면 어떻게 하지?' 라는 강박관념은 버리도록 하자.

항상 여유 있는 모습을 보여주도록 하자. 그러면 질문자도 편안한 마음으로 답변을 기다릴 수 있을 것이다.

◎ 모든 질문에 대해 반응을 보여야 한다.

발표주제와 관련이 없다거나 대답하기 곤란한 질문이라 할지라도, 질문자는 큰 마음을 먹고 질문했기 때문에 무시한다든지 등의 반응을 보여서는 안 된다. 그리고 참석자 중 고위직에 있는 사람의 질문에 대해서는 지나친 관심과 반응을 보임에 반해, 하위직급 직원의 질문은 가볍게 넘기려는 경향도 종종 있는데 이 또한 결코 바람직하지 않다. 어떤 질문을 받든, 어떠한 사람이 질문을 하든, 반응을 보이는 것이 기본적인 예의다.

◎ 질문에 대해 긍정적이고 수용적인 태도를 가져야 한다.

질문의 대부분은 세부적인 사항에 대해 좀 더 자세히 알고 싶어서 또는 완전히 이해하고자 하는 목적에서 던져지기 때문에 항상 마음의 문을 열어 놓고 받아들일 자세가 되어 있어야 한다. 그렇지만 질문자가 무슨 의도를 가지고 질문했는지 빨리 파악하는 것도 동시에 이루어져야 한다.

◎ 질문을 받으면 질문자를 향하여 한 걸음 앞으로 다가가서 질문자를 성의 있게 바라보도록 하자.

이는 질문자를 존중하고 질문에 대해 성의를 보인다는 느낌을 제공하므로, 질문을 받으면 한 걸음 다가가서 질문자와 Eye contact를 하면서 질문을 받는 자세가 필요하다.

◎ 질문을 중간에 끊어서는 절대로 안 된다.

질문을 중간에 끊는다는 그 자체가 큰 실례이며, 또한 끝까지 듣지 않는다면 질문의 핵심 요지를 제대로 파악하지 못하게 될 수도 있다. 그리고 질문 도중 답변을 하게 된다면 질문자는 답변자가 질문을 제대로 이해하지 못했을 거라는 불안감을 가질 우려도 있다. 따라서 어떤 질문이든지 마지막 단어가 끝날 때까지 청취해야 함은 기본이다.

◎ 질문의 요지를 파악하지 못했다면 다시 정확히 물어보아야 한다.

질문 내용을 정확히 정리하지 않는 상황에서 질문을 던지는 경우도 있고, 애매모호한 질문을 하는 경우도 있다. 이럴 때에는 "다시 한 번 질문해 주시겠습니까?" 또는 "지금 하신 질문이 이러 이러한 내용이 맞습니까?" 라고 되짚어야 한다. 질문의 요지를 정확히 파악하지 못한 상황에서 잘못된 대답을 한다면 분위기 전체가 당혹스러워지기 때문이다.

 질 문 의 종 류

◎ 추가적인 정보를 얻고 싶어서 하는 질문

가장 일반적인 유형이며 순수한 의도에서 던져진다. 발표시간에 잘 듣지 못했거나 이해가 제대로 되지 않은 부분에 대해 보충 설명을 듣고 싶을 때 주로 하는 질문이다.

◎ 프레젠터의 주장과 의견을 확인하고 싶어서 하는 질문

프레젠터의 주장이 정말인지 확인하고 싶을 때라든지 질문자가 가지고 있는 견해와 다를 때 자주 나온다. 이 때 질문자와 답변자가 서로의 주장을 강하게 펼친다면 그에 대한 토론이 꽤 오랫동안 지속될 수도 있다.

◎ 발표내용 중 분명하지 않은 점을 명확히 하고 싶어서 하는 질문

발표 시 프레젠터가 미묘한 부분에 대해 자신 없는 모습을 보였다거나, 충분히 설명하지 않았을 때 주로 나오는 질문이다.

◎ 프레젠터 또는 다른 참석자에게 자신의 의견을 제시하고 싶어서 하는 질문

질문을 해야겠다는 마음보다는 질문의 형식을 빌려 자기주장을 표출하고자하는 유형이다. 하고 싶은 얘기를 다한 후 "제 의견에 대해 어떻게 생각하십니까?"라는 말로 끝나는 경우가 많다.

◎ 프레젠터 또는 다른 참석자에게 두드러져 보이고 싶어서, 또는 자신의 존재를 알리기 위해서 하는 질문

어딜 가도 꼭 나서는 사람이 있듯이 무슨 이유에서건 청중 속에서 자신을 내세우고 싶어하는 사람이 있다. 질문의 깊이라든지 핵심은 별로 없이 개인적인 의견만을 나열하는 유형이다. 말이 끝났음에도 불구하고 결국은 질문이 안 나오는 일이 허다한데, 이 때 프레젠터는 매우 당황스러워진다. 이럴 경우에는 "네, 좋은 의견 잘 들었습니다. 참고하겠습니다."등의 마무리를 하도록 하자.

◎ 상위 직급자로부터 지명을 받아 어쩔 수 없이 하는 질문

궁금한 사항에 대해 답을 얻어내려고 하는 의도보다는 상사의 지시로 마지못해 던지는 의미 없는 질문으로 그렇게 예리한 질문이 나오기 힘들며 답변에도 큰 관심을 보이지 않는다. 그렇다고 성의 없이 답변해서는 곤란하다.

이처럼 질문의 유형에는 여러 가지가 있으므로 받는 질문의 의도를 정확하게 파악하여 그에 맞는 대응을 해야 한다.

그리고 질의응답 시간이 시작되었지만 아무런 질문이 나오지 않고 침묵이 흐르는 상황도 종종 발생하는데, 1~2분의 시간만 지나도 프레젠터뿐만 아니라 모든 참석자가 어색해진다. 그럴 때는 분

위기를 자연스럽게 만들기 위해 핵심인물을 지목하여 발표내용에 대한 의견을 가볍게 청해보는 방법도 있으며, "'만약 제가 이런 질문을 받는다면 어떻게 대답할까……' 라는 생각을 해보았습니다."라는 식으로 처리를 하는 것도 괜찮다.

 프레젠터를 곤혹스럽게 만드는 질문자 유형

질문자의 종류에도 여러 유형이 있으므로 '질문의 종류' 과 함께 '질문자 유형' 파악도 놓쳐서는 안 된다. 일반적으로 의문사항이 있다거나 보충 설명을 듣기 위해 질문을 하지만 특별한 의도를 가진 질문자도 간혹 있다. 프레젠터가 응대하기 어려운 질문자의 유형을 살펴보자.

◎ 논쟁가

질문을 하겠다는 의도보다는 프레젠터의 제안이나 주장과 반대되는 의견을 갖고 있는 부류로서, 처음에는 질문으로 시작하지만 결국은 의견 대립으로 유도하는 스타일이므로 프레젠터를 당황하게 만들며 이에 말려들면 상당히 곤란해진다.

◎ 다변가

질문도 많으며 의견도 많이 제시하는 부류로 얘기를 들으면서 프레젠터가 중간 중간 정리를 해주는 것이 좋다.

◎ 횡설수설가

본인 외에는 그 어떤 누구도 그가 하는 말을 이해하기 힘든 부류다. 발표를 같이 듣고 있는 대부분의 참석자들이 그에 대해 긍정적인 이미지를 갖고 있지 않으므로, 그의 말에 일일이 대응하기보다는 그 순간을 빨리 벗어나는 게 상책이다. 그러나 질문자를 모욕한다거나 무시하는 듯한 이미지를 주면 안 된다.

◎ 적(의도적으로 프레젠터를 힘들게 하려는 질문자)

경쟁 프레젠테이션에서 우리 회사가 아닌 다른 회사를 지명해야겠다고 미리 마음먹은 사람이라면 공격형 질문을 해가며 프레젠터를 엄청나게 괴롭힌다. 질문에 대한 답변을 부정하며, 또한 무리한 요구를 하며 들어 줄 것을 강요하기도 한다.

그러나 이러한 사람 한 개인과 싸워서는 곤란하다. 왜냐하면 한 명의 청중과 싸운다는 것은 청중 모두와 싸운다는 것으로 비춰질 수 있기 때문이다. 그리고 그 사람에게는 절대로 호감을 얻지 못하므로 긴 토론은 삼가하고 예의에 어긋나지 않게만 대응한 후 빨리 마무리 짓도록 하자.

위에 언급한 질문자들은 프레젠터를 힘들게 하는 부류들이지만, 발표내용과 관련하여 필요한 질문을 하는 사람이 더 많으므로 지나친 두려움을 가질 필요는 없겠다.

 대답할 때의 고려사항

같은 대답이라도 듣는 사람들이 쉽고 빠르게 이해할 수 있게끔 조리 있게 말해야 한다. 그렇지 않으면 질문자가 대답을 듣고서도 의아해 하며, 때에 따라서는 마음속으로 불만에 가득 찰 수도 있다. 또한 질문을 하지 않은 다른 참석자들도 프레젠터의 전문성에 의심을 갖게 되므로 아래 사항들을 잘 살펴보고 효율적으로 답변하도록 하자.

◎ 항상 침착함을 잃지 말자.

질의응답 시간이 되면 프레젠터들은 평소와는 달리 큰 부담감을 갖게 되지만 본능적이기 때문에 그렇게 민감해 할 필요는 없다. 그러나 경험이 별로 많지 않다거나 성급한 사람들은 질문을 받고 아주 예민한 반응을 보이기도 하는데, 이는 결코 바람직한 대응법이 아니다. 예로 질문을 받자마자 신경질적인 반응을 보인다거나 의도했든 아니든 질문자에게 무안을 준다면 어떻게 되겠는가? 또한 자기주장과 반대되는 의견에 대해 심할 정도로 과민한 반응을 보인다면 이 역시 나쁜 이미지를 제공할 수밖에 없다.

가끔 질의응답을 주고받는 과정 중 프레젠터와 청중 간에 논쟁이 일어나기도 하며, "무슨 근거로 그런 말을 하느냐?"라는 표현까지도 나온다. 프레젠터의 답변에 질문자가 부정하였을 때 무조건 질문자의 의견이 옳다고 한다면 전문성과 신뢰감을 동시에 잃어버리는 일이지만, 그렇다고 장시간 동안 논리 싸움 등을 펼쳐도 보기 좋지 않다. 논쟁이 벌어지면 프레젠터가 절대로 이기지 못함을 알아야한다. 또한 일부 질문자들은 이유 없이 대답을 부정하는 상황도 가끔 생기는데, 이러한 경우에도 답변자는 절대로 말려들어서는 안 된다.

만약 서로가 확실하지 않은 논리를 가지고 상호간에 공방을 하더라도 마무리는 반드시 부드럽게 끝내야 한다. 즉, 프레젠터는 질문을 받았을 때 스스로 이성적이 될 수 있도록 Self control을 하는 노력을 기울여야 하며, 긴장된 분위기가 조성되었다 하더라도 항상 사교적으로 마무리를 지을 줄 알아야 한다. 예를 들면 "김 부장님의 의견에도 일리가 있습니다만, 이 문제는 따로 자리를 가져서 토의했으면 합니다."등의 지혜로운 끝맺음을 갖도록 하자.

◎ 답변은 항상 청중 전체를 향해서 하도록 하자.

비록 질문은 한 명으로부터 받지만 답변은 질문자 개인을 향해서가 아니라 전체를 향해서 한다는 마음가짐을 가져야 한다. 답변할 때 질문자만을 바라보고 말하게 된다면 그 질의응답 순간이 질문자와 답변자 단 둘만의 시간으로 여겨지기 때문이다. 그리고 질문 내용이 참석자 모두에게 관심이 있는 부분이라면, 특히 전체를 대상으로 답변한다는 원칙을 꼭 지켜야 한다.

◎ 예의를 갖추고 언제나 친절하게 답변하는 자세를 보이자.

가끔 황당하다거나 상식에 어긋나는 질문이 나오기도 한다. 이러한 질문에 대해서는 비단 프레젠터뿐만 아니라 다른 참석자들도 충분히 그렇게 인식한다. 그렇다고 해서 대답을 회피한다든지 또는 건성으로 대답한다거나 질문자를 무시한다는 듯한 인상을 주어서는 절대로 안 된다. 왜냐하면 질문자는 던진 질문이 가치가 있다고 여기기 때문이다. 따라서 질문에 대해 별로 대답하고 싶지 않더라도, 예의 차원에서 웃음을 머금으며 언제나 친절하게 답변하는 태도를 보이도록 하자.

◎ 질문을 받은 후 약간의 포즈를 가지는 것도 괜찮다.

포즈는 프레젠터에게 답변을 정리하게끔 하는 시간을 제공하므로 꼭 성급히 답변할 필요는 없다. 약간의 포즈를 가진 후 답변하면 오히려 여유가 느껴진다.

그러나 포즈가 너무 길어지면 자신감이 없어 보인다거나, 대답을 억지로 만든다는 느낌을 줄 수 있으므로 2~3초 이내로 끝내도록 하자.

◎ 질문자의 호칭에 유의해야 한다.

물론 사전에 모든 참석자의 이름이나 직책에 대해 개개별로 정확히 파악하고 있다면 더할 나위 없겠지만 그러기가 쉽지는 않다. 그러나 질문자의 이름을 잘 알지 못한다고 해서 '저기 앉아 계신 분' 이라든지 '안경 끼신 분', '머리가 약간 벗겨지신 분', 또는 '덩치 좋으신 분' 등 신체와 관련 된 지칭을 한다면 이는 대단한 실례다. 대신 질문자를 손으로 가볍게 가리키며 '방금 질문하신 분께서' 등의 표현을 사용하도록 하자.

◎ "좋은 질문을 해 주셨습니다."라는 표현도 괜찮다.

질문자가 이런 얘기를 듣는다면, 자기가 던진 질문이 발표와 관련하여 상당히 중요하며 가치가 있다는 생각을 하게 될 것이다. 그리고 질문자를 인정해 주는 표현이므로 프레젠터에게 호감을 갖게 하는 기회가 되기도 한다. 그러나 너무 자주 사용하면 오히려 역효과가 일어나니 꼭 필요할 때 한두 번 정도만 사용하도록 하자.

◎ 무심결에 말한다거나 허세를 부려서는 곤란하다.

대부분의 프레젠터가 질문을 받았을 때 '꼭 대답을 해야 한다.'라는 의무감에 사로잡히게 된다. 그런데 질문을 받긴 했는데 대답하기 곤란한 경우도 가끔 생긴다. 당연히 등에 식은땀이 흐르며 그렇다고 대답을 하지 않고 가만히 있을 수도 없다. 같이 동행한 우리 동료 중 누가 대신 답해줄 사람도 없고……. 대개는 즉석에서 답을 만들어 순발력을 마음껏 발휘하지만, 영양가 있는 대답은 나오기가 쉽지 않다. 혹자는 답변이 가능한 다른 질문으로 왜곡하여 질문 의도와는 다른 대답을 할 때도 있고, 증명되지 않은 자료로 답변을 얼버무림으로써 억지로 순간을 모면하려고 하는 사람도 있다. 그러나 잘 모르겠으면 모르겠다고 솔직히 인정하는 게 최선의 길이다. "지금 하신 질문에 대해서는 아직 답변 준비가 되어 있지 않습니다. 추후에 자료를 검토하여 가능한 한 빨리 연락드리

기로 하겠습니다."라는 식으로 처리 한다. 즉, 받는 질문마다 모르
겠다는 반응을 보인다면 그것도 문제지만, 그렇다고 위기모면을
위해 질문자를 만족시키지 못하는 답변을 억지로 하는 것은 바람
직하지 않다.

그리고 답변을 제대로 못했을 때 죄송하다는 말을 할 필요는 없
다. 즉석에서 답변을 할 수 없다는 사실이 큰 죄는 아니며, 누구든
모든 질문에 완벽히 대답을 한다는 것은 불가능한 일이니까.

◎ 묻지 않은 질문에는 답변할 필요가 없다.

단 한 가지 질문만 받았음에도 불구하고 그 질문에 대한 답변 외
2~3가지 문제에 대해 추가적으로 답변을 늘어놓는 것은 필요 없
는 짓이다. 물론 가지고 있는 지식을 모두 쏟아내고 가겠다는 생
각이 꼭 나쁘지만은 않지만, 간과해서는 안 될 것은 그 추가 답변
으로 인해 가끔 또 다른 질문이 나온다는 사실이다. 그리고 추가
질문에 대해 답변을 하지 못한다면 그것은 바로 사서 고생하는 결
과를 낳게 된다. 또한 이래저래 답변이 길어지면 질문하지 않은
다른 참석자들은 지겨워질 가능성이 높기 때문에 받은 질문에만
간단히 답변하도록 하자.

◎ 발표주제와 거리가 먼 질문에 대해서는 꼭 즉석에서 답변할 필요가 없다.

이런 유형의 질문은 대답하기 곤란할 뿐만 아니라, 질문자 외에는 그 어떤 누구도 관심을 두지 않는 질문이다. 그러나 가끔씩은 받기도 하는 질문이니 그 대처 방안을 마련하고 있어야 된다. 이런 질문을 받으면 "질문해 주셔서 대단히 고맙다."라는 인사를 먼저 한 후 나중에 별도로 토의하자고 양해를 구하는 방법을 택하도록 하자.

◎ 한꺼번에 여러 질문을 받았을 때는 하나씩 분류하여 답변하도록 한다.

질문자가 하고 싶은 질문이 매우 많을 때 이런 일이 종종 생긴다. 이럴 때는 질문내용을 명확히 파악하기 위해 메모지를 들고 받아 적어야 한다. 그렇게 해야만 질문의 분류가 가능하며 하나씩 구분하여 답변할 수도 있다. 꼭 질문이 많지 않더라도 질문을 받아 적는 자체는 질문자에 대한 예의이며, 성의 있는 느낌을 제공한다.

◎ 같이 참석한 동료에게 답변을 대신하게 할 계획이라면 꼭 사전에 협의하도록 하자.

받은 질문에 대해서 대답하기 곤란하다고 판단되는 순간 같이 참석한 동료에게 답변을 넘기는 일이 종종 있는데, 이는 괜찮은 방법이다. 특히 전문적인 사항에 대해 해당 분야의 담당자에게 계획적으로 답변을 대신하게 하는 일은 어떻게 보면 '저 팀 전원이 우리 프로젝트를 위해 열심히 노력하였다.' 라는 느낌을 주기도 한다.

그러나 사전에 특정 질문에 대해 누가 답변할지 협의를 거쳐야만 황당한 상황이 발생하지 않는다. 미리 협의가 되어 있지 않았다면 나중에 그 질문에 대해 왜 나보고 답변하라고 했느냐며 따질 수 있기 때문이다.

◎ 목소리 톤을 낮추지 말자.

대답을 할 때에도 발표 때의 목소리 톤을 그대로 유지해야 한다. 질문을 받고서 톤을 약간 낮추어 대답을 한다면, 자신 없는 모습으로 비춰질 수도 있으므로 정확히 대답할 수 없는 질문을 받더라도 당당하게 카리스마를 보이며 답하도록 하자.

◎ 질문자가 답변을 경청하지 않을때

이는 답변이 별로 들을 가치가 없다는 표시다. 모두가 알찬 대답을 듣길 원하지만, 대부분의 청중들은 그 기대가 사라져버려도 구체적으로 따지고 들지는 않는다. 대신 경청하지 않음으로써 자기 의사를 표시한다.

# 답변의 4단계

질문의 마지막 단어가 끝나기 무섭게 거의 모든 답변자들이 위풍당당하게 그것도 빠른 속도로 대답한다. 그리고는 '이 문제에 대해서는 더 이상 언급하지 마라.' 라는 제스처를 보인다. 그렇지만 답변을 들은 후 청중들의 반응은 시큰둥해질 때가 많다. 즉, 충분하지 않은 대답이었다는 증거라고 보아도 된다. 그러한 반응에 답변자는 더욱 더 불쾌해지고 감정적이 된다. 누구의 잘못일까? 두말 할 나위 없이 당연히 답변자의 잘못이며 반드시 고쳐야 한다. 질문에 재빨리 대답하는 것만이 능사는 아니며, 대답을 하는 데 있어서도 순서가 있다. 이런 순서를 잘 지켜나간다면 자기도 모르게 침착해지고 자연스럽게 여유가 생기게 됨을 느끼게 될 것이다.

다음은 질문을 받은 후 답변을 효율적으로 할 수 있는 단계별 순서이므로, 가급적 지키도록 하자.

◎ 첫 번째로, 질문을 받으면 그 질문을 전체를 향해 다시 한번 반복한다.

"우리의 타깃이 왜 30대가 되어야 하는 거죠?"라는 질문을 받았다면, 프레젠터는 그 질문을 받은 직후 "네, 지금 사장님께서 우리의 타깃이 왜 30대가 되어야 하는지에 대해 질문해주셨습니다."라고 반복해야 한다. 여기에는 여러 가지 이유가 있다.

첫째, 질문을 잘 듣지 못하였거나, 제대로 이해를 못한 참석자들을 위해 다시 한 번 정확히 알려주는 기능을 갖는다.

둘째, 프레젠터가 '질문 내용을 잘 이해했다.'라는 것을 질문자에게 확인시키는 과정이다.

셋째, 그러나 진짜 이유는 다른 데 있다. 그것은 바로 프레젠터가 대답을 준비하고 다듬을 여유를 확보하는 것이다. 질문을 반복하면서 생기는 몇 초 동안 프레젠터는 '과연 어떻게 답변을 해야할까?'에 대해 생각하고 정리할 시간을 갖게 되는 것이다.

이런 이유 등으로 인해 질문을 받으면 가장 먼저 반복하는 습관을 길러야 한다. 그렇다고 쏟아지는 모든 질문에 반복을 하게 되면 분위기가 지루해질 가능성도 있으니, 짧은 질문이나 참석자 수가 적을 경우 또는 그렇게 중요하지 않은 질문에 대해서는 반복을 생략해도 되겠다.

그러나 '귀찮아서' 또는 '굳이 그럴 필요가 없어서'라는 이유 등으로 질문에 대한 반복을 잘 하지 않는데, 반드시 이 과정을 거치도록 하자.

◎ 두 번째, 질문에 대한 대답이나 견해를 말한다.

이 때 너무 길게 답을 할 필요는 없다. 간략히 요점만을 압축하여 전달하도록 하자. 이를 위해 답변 시 말이 길어지지 않도록 사전에 압축된 대답을 만들어 놓도록 하자.

그리고 "예, 아니오, 또는 그렇다, 그렇지 않다. 가능하다, 가능하지 않다"라는 답을 할 수 있는 유형의 질문에는 결론부터 명확하게 답해야 한다.

◎ 세 번째, 답에 대한 보충 설명을 붙인다.

왜 이런 답변을 하게 되었는지에 대한 추가설명이라든지 사례 등을 들어 주어 답변에 대한 이해도를 높일 수 있다.

◎ 마지막으로, 앞서 밝힌 자신의 견해나 보충 설명 등을 간략하게 정리하여 다시 한 번 요약해 준다.

그러나 답변이나 보충 설명이 짧다면 굳이 정리를 해주지 않아도 되겠다.

질의응답 순서 비교

질의응답은 대개 발표가 끝난 다음 이루어지는 방식이 일반적이다. 그러나 가끔은 발표 도중 질문하는 청중도 있긴 한데, 그렇게 되면 답변을 하긴 해야겠고 답변을 하다 보면 때때로 프레젠테이션의 흐름이 끊기기도 한다. 그러나 상황에 따라서는 발표 중간에 질의응답이 이루어지는 방식이 더 효율적이기도 하므로 상황에 따라 그 순서를 잘 잡아야 하며, 도입부에서 질의응답 시간이 언제 이루어질지에 대해 미리 알려주는 게 좋다.

그러면 발표 중간과 발표가 끝난 후의 질의응답에 대한 장단점을 비교해 보자.

◎ 발표 도중 실시되는 질의응답

집중도와 이해도가 높아지며 청중의 반응 파악이 가능하다는 장점이 있는 반면, 시간 조절이 힘들어지며 발표의 흐름이 끊기거나 바뀔 위험성도 있다. 그리고 질문에 대한 답변 실패 시 프레젠터에 대한 신뢰도가 급격하게 추락한다는 점도 간과해서는 안 된다.

참석자 수가 소수일 때 효율적이며, 그들의 흥미가 어디에 있는지 살피면서 발표를 진행할 수 있다. 간혹 질문이 많을 경우도 생기는데, 그 때는 "질문 시간이 따로 마련되어 있으니, 계속해서 설명 드리겠습니다."라고 양해를 구한 후 계속 진행하는 것이 좋다.

◎ 발표가 끝난 후 실시되는 질의응답

발표시간을 지킬 수 있으며 전체적인 맥락을 갖고 답변할 수 있다는 장점이 있으나, 발표 도중에 실시되는 질의응답 대비 집중도와 이해도가 떨어지며 반응 파악도 상대적으로 어렵다는 단점이 있다. 그리고 간혹 하려고 했던 질문을 잊어버리는 청중이 생기기도 한다.

참석자 수가 많을 때는 발표의 흐름을 끊지 않기 위해 발표가 끝난 후에 질문을 받는 것이 좋다.

제6장

프레젠테이션
평가

Key Points

✤ 프레젠테이션이 끝난 다음 반드시 Review를 거쳐야만 좀 더 발전적인 프레젠
테이션을 할 수 있게 된다.

presentation

프레젠테이션 평가

　　제4장의 프레젠테이션 실시와 제5장에서 설명된 질문에 대한 응대까지 끝나면 프레젠테이션의 모든 과정이 완전히 끝났다고 생각하는 독자들이 많을 것이다. 그러나 진짜 중요한 과정이 남아 있는데 그것은 바로 프레젠테이션 평가이며, 성공적인 프레젠테이션을 위한 필수요소라고 할 수 있다. 따라서 발표가 끝난 후 모든 과정이 끝났다고 생각하지 말고 평가 과정을 반드시 거쳐서 다음번엔 좀 더 완벽한 프레젠테이션을 할 수 있어야 한다.

　　프레젠테이션이 끝나고 나면 프레젠터를 비롯하여 같이 고생한 팀원들은 행복한 해방감에 젖게 된다. 결과는 당연히 긍정적일 것으로 기대하고 모두들 수고했다고 격려하면서 술이나 한 잔 하러 가자고 한다. 그 자리에서 오가는 대화는 거의 한결같다. 서로에 대한 칭찬과 함께 청중들에 대한 실망과 안 좋은 소리들……. 그러나 정작 필요한 대화는 프레젠테이션 전개와 프레젠터 자체에 대한 리뷰인데……. 도대체 무엇이 잘못되었고 다음번에는 무엇

을 보완해야 하며, 또 실수한 요소는 무엇이고 핵심메시지의 전달 과정에 있어 문제점은 무엇이었는지……. 그러나 이런 대화는 별로 오가지 않는다.

그리고 며칠 후 다음과 같은 연락이 온다. "열심히 잘 해주셨는데 아쉽게 되었습니다. 다음번엔 꼭 한번 같이 일할 수 있는 기회가 있었으면 합니다." 그러나 이런 '상투적인 퇴짜'를 그대로 받아들여서는 안 되며 '과연 우리에게 진정 부족하였던 부분은 무엇이었나?'라는 것을 찾아서 분석해 보아야 한다. 즉, 적절하지 못했던 원인을 확실히 파악하여 "두 번 다시 실수하지 않겠다."라는 의지를 가져야 한다. 그래야만 다음번에 좀 더 발전적이고 완벽한 프레젠테이션을 할 수 있게 되는 것이다.

그러면 리뷰 시 점검해야 할 사항들에 대해 알아보기로 하자.

◎ 프레젠테이션 목적이나 목표가 불명확하였거나 잘못 잡지는 않았나?

프레젠터가 잡았던 목적이나 목표가 청중이 원하고 있었던 그것들과 일치하지 않았다면 절대로 좋은 결과를 기대하지 않아야 한다. 전달하고자 하는 내용과 듣고자 하는 내용이 전혀 다른데 어떻게 합의된 결론이 나오겠는가? 이는 곧 준비 과정에서 가장 기본적인 사항이 잘못 설정되었다고 판단해야 한다.

◎ 핵심메시지가 제대로 전달되지 못한 것은 아닌가?

발표를 통하여 던져지는 메시지는 굉장히 많지만, 대부분의 청중이 그 많은 메시지를 다 받아들이는 것은 아니다. 그러나 청중이 꼭 기억해 주기를 바라는 메시지가 반드시 있어야 하며, 그것이 제대로 전달되지 못했다면 그 프레젠테이션은 실패라고 보아야 한다. 가장 중요한 핵심메시지가 제대로 전달되었는지를 반드시 평가해 보자.

◎ 청중의 편익을 제시하기보다는 자기주장만 나열하지는 않았나?

모든 프레젠터들이 본인의 제안이나 주장을 설득시키기 위해 또는 승인받기 위해 엄청난 노력을 한다. 그러나 청중이 '그래서 나에게 돌아오는 게 무엇이냐?' 라는 의문을 갖는다면, 긍정적인 평가를 받기가 힘들다. '프레젠터만의 이익을 위한 발표' 라는 이미지가 강하게 풍기지는 않았는지 평가해 보자.

◎ Chapter별로 시간 배분이 잘못되지는 않았나?

이런 상황이 벌어진다면 그것은 사전 리허설이 전혀 이루어지지 않았다는 말과도 같다. 앞부분에서 너무 오랜 시간을 허비한 나머지, 정작 중요한 내용은 허겁지겁 설명하고 끝나는 경우가 종종 있는데 참으로 안타까운 일이다. Chapter별로 시간배분을 정확히 하여 전체 시간도 지키면서 내용도 제대로 전달할 수 있는 연습이 필요하다.

◎ 청중이 원하는 방식에 어울리지 않는 발표를 하지는 않았나?

청중별로 원하는 방식이 각각 다르다. 열정적인 발표를 원하는 청중, 재미있는 발표를 원하는 청중, 그리고 매우 많은 아이디어를 주기를 바라는 청중도 있다. 또 다른 차원에서는, 결론을 빨리 말해 주기를 바라는 청중과 반대로 결론 도출에 대한 과정을 꼼꼼히 제시해 주길 원하는 청중도 있다. 따라서 프레젠터는 이 모든 욕심을 상황에 맞게 적절히 충족시켜 주어야 한다.

◎ 보충 설명이 부족하지는 않았나?

프레젠터가 겪는 가장 큰 실수는 바로 청중의 입장에서 사고하는 습관이 부족하다는 것이다. 무슨 말인가 하면 '내가 잘 아니까 청중들도 당연히 이 정도는 알겠지.', '내가 중요하다고 판단하니까 당신들도 당연히 중요하다고 여기겠지.' 등 자기중심적인 사고를 한다는 점이다. 그러나 프레젠테이션이란 전문가가 비전문가들에게 전문적인 내용을 전달하는 과정임을 절대 잊어서는 안 된다. 따라서 **청중의 수준에 따라 약간씩 다르기는 하겠지만 전문적인 부분에 대해서는 전달하고자 하는 내용이 잘 이해될 수 있도록 자세하게 보충 설명을 해주어야 한다.** 청중의 수준이 낮을수록 더욱 더 친절하게 설명되어야 함은 두말할 나위가 없다. 자기 수준대로, 아니면 자신의 지식을 자랑만 한 채 그들이 이해하지 못함을 탓하는 것은 바로 프레젠터가 가지고 있는 큰 잘못된 점 중 하나이다. 따라서 연습을 할 때에도 객관적인 판단 하에 청중의 수준을 점검해 보아야 한다. 대개의 청중은 보충 설명이 부족하여 이해하지 못했다고는 말하지 않는다.

◎ 논리성이 부족하지는 않았나?

내용이 전문적일수록 논리성의 가치는 높아진다고 보면 된다. 특히 마케팅 관련 프레젠테이션에서는 '논리성'이 주요 잣대가 되며, 아무리 훌륭한 아이디어라 하더라도 논리성이 결여되면 그 가치는 급격히 떨어진다.

프레젠테이션을 아주 잘 한다는 전문가들도 발표가 끝난 후 클라이언트로부터 이 논리성에 대한 지적을 가끔 받고는 한다. 발표자가 아무리 완벽히 풀어나간다 하더라도 청중에게는 명쾌하게 접근되지 않는 경우가 너무나도 많기 때문이다. 그만큼 어려운 부분이 바로 이 논리성이다.

따라서 발표가 잘 끝났다면 별 문제가 없겠으나, 실패를 했다면 반드시 논리성에 대해 심도 깊은 토의를 나누어야 한다.

◎ 주의가 분산되어 설명한 내용이나 정보 중 일부를 놓쳐버리지는 않았나?

이는 다분히 프레젠테이션 진행 상황과 연관이 있는 부분인데, 발표 도중 비서가 들어와서 메모를 넣고 간다든지 아니면 전화가 걸려 와서 신경을 그 쪽으로 쏠리게 한다든지 등의 상황이 벌어지면 분위기가 흐트러질 수 있다. 이렇게 되면 집중력이 떨어져 프레젠터의 설명을 잘 듣지 못하게 되고, 내용에 대해서 이해 또는 동의를 하지 않는 결과를 초래하기도 한다. 따라서 이런 응급상황이 발생한다면 지혜롭게 대처해 나가야 하며, 일례로 발표를 잠시 멈추었다가 재개한다든지 아니면 계속 진행할지에 대한 여부를 물어보는 방법도 있겠다.

어느 자료에 나온 얘기다. "프레젠테이션이 끝나고 리뷰 시간이 되면 서로 변명해 주느라고 정신들이 없지. 특히 상사의 프레젠테이션을 보고 잔소리를 하는 후배는 눈 씻고도 찾아볼 수 없단 말이야." 이는 프레젠터에게 듣기에 좋지만은 않은 평가를 해주는 것이 얼마나 어려운가를 단적으로 설명해주고 있는 말이다. 그러나 프레젠터가 누구이건 간에 리뷰 시간에는 정확히 객관적인 비평을 해주어야 하며, 이러한 용기가 진정 프레젠터를 위해주는 길이다. 아무도 싫은 소리를 해주지 않는다면, 불행히도 그에게 더 이상의 발전을 기대해서는 안 된다.

제7장

프레젠터

Key Points

♣ 프레젠터의 첫인상(First impression of presenter)
♣ 스타일에 따른 프레젠터 유형 및 프레젠터 선정Kinds of presenter & presenter choice)
♣ 바람직한 프레젠터와 바람직하지 않은 프레젠터(Good & bad presenter)

presentation

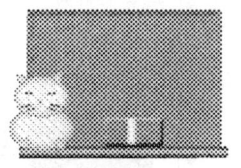

프레젠터

이제 프레젠터에 대해 자세히 알아보기로 하자. 청중이 발표에 집중하느냐 않느냐의 문제는 전적으로 프레젠터의 역량에 달려있다. 전략이라든지 아이디어가 아무리 훌륭해도 프레젠터가 그것을 잘 소화해내지 못한다면 호응을 얻기 힘들며, 내용이 좀 부실하더라도 프레젠터가 슬기롭게 잘 풀어나간다면 큰 효과를 거둘 수도 있다. 따라서 프레젠테이션의 주인공은 당연히 프레젠터가 되어야 하며, 그만큼 프레젠터의 이미지와 역할은 프레젠테이션에서 매우 중요한 비중을 차지한다. 또한 발표가 시작되면서부터 끝날 때까지 모든 청중의 눈과 귀가 프레젠터에게 집중되므로, 프레젠터는 일거수일투족(一擧手一投足)에 신경을 써서 진행해 나가야 한다.

그러면 프레젠터로서 반드시 갖추어야 할 사항들을 살펴보기로 하자.

 # 프레젠터의 첫인상
(First impression of presenter)

대부분의 사람들은 누군가를 만나게 되면 가장 먼저 그의 인상을 보게 된다. 그리고 자기 나름대로 대충 그 사람의 됨됨이라든지 성격 등을 판단하며, 이는 의사 결정을 하는 데 있어서도 큰 선입관으로 작용하게 된다.

프레젠터의 첫인상 또한 매우 중요한데, 첫인상에 따라 이미지가 쉽게 결정되므로 특히 신경을 써야 된다. 물론 인상은 타고나는 것이며, 성장하면서 형성되는 내면의 모습을 그대로 드러내는 마음의 거울인 만큼 자유자재로 바꾸기는 힘들다. 그러나 최선을 다해 좋은 인상을 보여 주어야 하며, 강하고 매력적으로 연출되어야 한다. 청중들은 프레젠터의 첫인상을 보고 신뢰감과 전문성, 그리고 호감 여부를 결정하기 때문이다.

따라서 연단에 나선 후 최초 30초 동안의 인상이 프레젠터의 전체 이미지를 결정한다고 보아도 과언이 아니다. 처음부터 불안하거나 자신 없는 모습을 보인다면 청중은 발표 자체에 대해서도 거의 신뢰하려고 하지 않을 것이며, 반면 청중과 첫 대면 후 30초 이내에 믿음직하고 따뜻한 인상을 제시한다면 성공률은 급상승하게 된다. 발표 자체를 잘하는 것도 중요하지만, 첫인상에서 강하고도 자신감 있는 이미지를 제공하기 위해 몸가짐, 목소리, 태도 등에 있어 각별히 주의를 기울이도록 하자.

그러면 첫인상과 관련된 자기소개(인사)에 대해 살펴보자.

1. 자기소개 시 고려사항

◎ 인사를 하기 전 몇 몇 참석자(특히, 최고 의사결정권자)와 가벼운 Eye contact를 한다.

연단에 나서자마자 바로 말하지 말고 Eye contact를 통하여 청중을 주목하도록 만든다. 이는 프레젠터에게 여유를 제공해 주며 분위기를 정리시켜 주는 기능도 함께 한다.

◎ 눈에 힘을 약간 주면서 자신감 있는 미소를 지어 본다 (Smile confidently).

연단에 나선 후 Eye contact를 하면서, 자신감이 느껴지도록 눈에 약간 힘을 주고 미소를 지어 보자. 미소는 여유 있고 부드러운 인상을 만들어 주며 상대방에게는 편안하고 기분 좋은 느낌을 제공한다.

◎ 자신의 이름과 직책은 분명히 발음하고 밝혀라.

많은 프레젠터들이 자신의 이름을 밝히는 데 있어 다소 쑥스러워하고, 또 직책은 생략하기도 하는데 그래서는 안 된다. 자신의 신분은 분명히 밝혀야 하며, 이는 청중에 대한 예의이기도 하다. 특히 질의응답 등 토론 과정을 통하여 프레젠터를 칭할 때는 이름과 직책이 꼭 필요하므로 자기소개 시 청중이 정확히 알아들을 수 있도록 정확히 또박또박 발음해 주어야 한다.

만약 신분을 밝히지 않았다면, 질의응답시간에 '발표자', '저 양반' 등 듣기에 썩 달갑지만은 않은 표현으로 호칭되는 경우도 발생하게 되며, 때로는 신분을 물어보는 상황이 벌어지게 되고 그렇게 되면 분위기 또한 어색해진다.

◎ 전형적인 인사 방법만이 꼭 정답은 아니다.

대개가 다음과 같은 인사로 프레젠테이션을 시작한다. "안녕하십니까? 만나 뵙게 되어 반갑습니다. 저는 ○○○에 근무하는 ○○○팀장입니다. 오늘 프레젠테이션을 맡게 되었습니다." 그러나 꼭 이런 전형적인 인사 방법으로 시작할 필요는 없다.

사전에 분위기를 충분히 고려해야겠지만, 자기의 신분을 밝히기 전에 발표주제와 관련된 가벼운 얘기로 서두를 꺼낼 수도 있고, 또는 자신의 경험담을 말해 줌으로써 흥미롭게 시작하는 아이디어도 생각해 볼 수 있겠다.

◎ 자기 자랑은 가급적 하지 않도록 하자.

프레젠터가 경력이 화려하다거나 성공 실적이 많아서 본의 아니게 자기 자랑처럼 들리는 표현을 할 때가 가끔 생긴다. 또한 누가 들어도 민망할 정도로 자기 자랑을 심하게 하는 프레젠터들이 있는데, 이는 우리 정서상 받아들이기 쉽지만은 않다. 이러한 면이 때로는 청중을 무시하는 듯한 태도로 비칠 우려도 있으므로, 유인물 등을 통한 '간접적인 자랑' 을 하는 방식이 바람직하다.

◎ 너무 겸손한 표현은 사용하지 말자.

청중에게 예의를 갖추기 위해 자신을 비하시키는 듯한 표현 등을 사용하며 지나친 겸손을 보이는 태도는 바람직하지 않다. 이는 자신감이 없는 것처럼 보일 수도 있으며, 신뢰도를 스스로 떨어뜨리는 일이다.

2. 프레젠터가 타인에 의해 소개를 받고 나갈 때

프레젠테이션 시작은 두 가지 방식으로 나뉘어진다. 첫째는 프레젠터가 처음부터 바로 시작하는 방식이며, 둘째는 발표회사의 최상급자 또는 청중 측 담당자가 먼저 간단한 인사말을 한 후 프레젠터를 소개하는 방식이다. 여기서는 타인에 의해 소개를 받을 때 고려해야 할 점들을 살펴본다.

◎ 자기가 소개될 때 이미 나설 준비를 끝내고 있어야 한다.
예를 들어 발표회사의 대표이사가 "안녕하십니까? 저희에게 귀사의 본 프로젝트에 대한 프레젠테이션 기회를 주심에 대해 깊은 감사를 드립니다. 그러면 지금부터 발표를 시작하도록 하겠습니다. 설명은 기획팀장 홍길동 부장이 해 올리겠습니다."라는 멘트를 한다고 가정했을 때, 프레젠터는 대표이사의 말이 거의 끝날

즈음에는 그 옆에서 대기하고 있어야 한다. 인사말이 끝났음에도 불구하고 프레젠터가 자리에서 나오고 있는 중이라면, 그 몇 초의 시간이 상당히 길게 느껴지기 때문이다.

◎ 손을 책상이나 의자에 짚고 일어서지 않는다.

책상이나 의자에 몸을 의지하는 모습을 보인다면, 별로 발표하고 싶지 않다는 이미지를 줄 수도 있다. 다리에 힘을 주어 의자에서 곧바르게 일어나도록 하자.

◎ 상을 받으러 나갈 때처럼 당당하게 나선다.

프레젠터는 발표석상에서의 주인공이다. 따라서 자신감에 차있는 모습을 보여주어야 한다. 아카데미상을 받으러 나오는 배우들을 보라. 그들이 어떻게 걸어 나오는지. 어깨를 활짝 펴고 얼굴을 바로 들어 당당한 모습으로 힘차게 걸어 나오는 장면을 볼 수 있다. 그러한 자세로 무대로 썩썩하게 걸어 나가자.

이 때 신발을 질질 끌면서 나가서는 안 된다. 평소 이러한 걸음 걸이 습관이 붙은 사람은 무의식 중에 그런 행동이 나올 수 있으므로 특히 주의하도록 하자.

◎ 소개자에게 자신에 대한 정보를 충분히 제공해야 한다.

자신을 초청한 주최 측의 사회자가 자신을 소개하는 자리라면, 자신이 어떻게 소개되기를 바라는지에 대해 사전에 충분한 정보를 제공해주어야 한다. 가끔 소개자가 프레젠터를 잘못 소개한다거나, 또는 꽤 중요한 이력을 생략한다든지 해서 자신을 다시 소개하는 일도 있는데 이는 상당히 어색해 보인다. 따라서 귀찮고 쑥스러워서 소개자와 사전에 아무런 협의도 하지 않은 채 '어떻게 잘 소개 시켜주겠지.' 라는 막연한 생각은 버리도록 하자.

3. 발표를 시작하면서 프레젠터가 저지르기 쉬운 일반적인 실수들

긴장감으로 인해 프레젠터의 첫인상을 좋지 않게 만드는 나름대로의 습관들이 있다. 이런 동작들은 꼭 필요해서라기보다는 자신도 모르게 나오므로, 의식적으로 하지 않아야겠다는 마음을 가져야 한다.

다음은 발표를 시작하면서 많은 프레젠터들이 일반적으로 저지르기 쉬운 실수들이니 참고하기 바란다.

◎ 바지를 치켜 올리거나 넥타이를 만지작거린다.

남성들이 많이 저지르는 실수다. 바지가 흘러내리지 않음에도 불구하고, 넥타이가 제대로 메어져 있음에도 불구하고 이런 동작들을 많이 한다.

◎ 말을 시작하기 전 한숨을 쉬거나 헛기침을 한다.

한숨을 쉰다는 것은 하기 싫은 프레젠테이션을 억지로 한다는 것처럼 비춰질 수 있으며, 헛기침은 귀에 거슬리는 듣기 싫은 소리이므로 사전에 목을 가다듬도록 하자.

◎ 어깨나 목을 움직인다.

긴장을 하게 되면 근육이 굳는다. 이런 결과가 어깨나 목을 움직이는 행동으로 연결되므로 사전에 목을 많이 움직여 준다거나 근육을 풀어 주어야 한다.

◎ 머리카락을 쓸어 올린다.

여성들이 많이 저지르는 실수다. 고개를 숙여 인사를 하면 머리카락이 자연히 내려오고 고개를 들면서 양손으로 귀 뒤로 넘기는데, 이 역시 시선을 거슬리게 하는 행동이다. 따라서 미리 머리를 단정하게 할 필요가 있으며, 머리길이가 긴 경우라면 내려오지 않도록 사전에 조치를 하자.

이런 행동들은 자신이 의식하지 못하는 사이 나오는 경우가 많으며, 비디오 촬영을 통하면 놀라울 정도로 이런 일이 자주 발생한다는 것을 쉽게 알 수 있을 것이다. 따라서 자신의 태도나 모습을 관찰할 수 있는 기회를 자주 가져야 하며, 안 좋은 습관을 면밀히 파악하여 바로 고칠 수 있어야 한다. 그러기 위해서는 평소 항상 신경을 써서 행동해야 한다.

4. 긴장의 증상과 긴장을 푸는 노하우
(Tension symptoms & ways to relax)

발표가 시작되면 누구나 긴장을 하게 되지만, 그러한 긴장감은 오히려 약간의 도움이 되기도 한다. 그러나 지나친 긴장감은 프레젠터를 경직되게 만들어 프레젠테이션까지도 안 좋은 영향을 미친다. 따라서 긴장감을 완전히 막지는 못하지만 발표가 시작되기 바로 전이라도 응급조치를 통하여 조금이나마 긴장을 풀 수 있도록 하자.

긴장의 증상들

아래와 같은 증상들이 스스로 느껴지면 긴장하고 있다고 보아도 괜찮겠다.

◎ 손이 떨린다.

가장 많이 일어나는 현상이다. 손뿐만 아니라 사시나무 떨리듯 온 몸이 떨린다. 이러한 증상은 쉽게 없어지지는 않는다. 이때는 제스처 및 스크린에 손을 대는 동작 등은 모두 피해야 하며, 두 손을 잡고서 잠시 기다릴 필요가 있다. 시간이 어느 정도 지나면 조금씩 없어지므로 너무 걱정할 필요는 없겠다.

◎ 말을 더듬는다.

아무리 노련한 앵커가 진행하는 뉴스라 도 자세히 시청하다보면 한두 번씩은 말을 더듬는 것을 볼 수 있다. 그러므 로 완벽히 발음한다는 것이 얼마 나 힘든지는 새삼 언급하지 않아 도 되겠다. 그들도 그런데 하물 며 우리 일반인들은 당연히 그러

한 일이 자주 생긴다고 보면 된다.

평소 때는 이런 일이 잘 생기지 않지만 프레젠테이션을 하다보면 긴장감으로 인해 가끔 말을 더듬기도 한다. 도입부에서 그러한 일이 생기기도 하지만 시간이 한참 지난 후에 발생하기도 한다. 그러나 청중이 잘 간파하질 못하므로 큰 실수라고 여기지 말고, 중요하지 않는 부분이라면 그냥 넘어가도 되고, 중요한 단어나 문장이라면 다시 정확하게 발음한 후 계속 진행하도록 한다.

◎ 몸이 굳는다.

역시 자연스러운 현상이다. 몸이 뻣뻣해진다. 자연스러움이라고는 전혀 찾아보기 힘들고 제스처를 하든 Movement를 하든 모두가 어색하다. 시간이 지나면 침착해지고 몸이 조금씩 풀리므로, 역시 그렇게 민감해 할 필요는 없다.

◎ 목이 마른다.

긴장을 한 사람이라면 누구든지 생길 수 있는 현상이다. 이를 방지하기 위해 물을 따로 챙겨서 사전에 많이 먹어두도록 하자.

◎ 성대가 조여지며 목소리가 작아지고 뜬다.

긴장이 되면 '설마 이것이 내 목소리인가?' 라고 할 정도로 이상한 목소리가 나온다. 호흡이 거칠어지면서 갈라지는 목소리가 나오고 돌발적인 소리가 나오기도 한다. 되도록 평소보다 약간 큰 소리를 내야겠다고 마음먹자. 아! 아! 아! 하고 큰 소리를 질러보는 방법도 좋다. 그러면 목이 조금 트인다.

◎ 안면 근육이 굳으며 얼굴이 화끈거린다.

이러한 증상을 많이들 경험하였으리라고 본다. 얼굴에서 열이 나며 붉게 상기된다. 미소를 지으려 해도 어색한 표정만 나온다.

◎ 말이 빨라지며 프레젠테이션 속도가 빨라진다.

긴장과 초조함은 말을 빠르게 만든다. 호흡이 가빠지며 알아듣기 힘들 정도로 말속도가 빨라질 때도 있으며, 발음이 새기도 한다. 따라서 조금 천천히 말하겠다는 마음가짐을 가지고 임하라.

◎ 말하려고 했던 내용이 기억이 잘 나지 않는다.

원고 처음 부분만 잘 기억해낸다면 그 다음은 자연스럽게 이루어지므로, 첫 부분에 대한 암기를 집중적으로 하자.

◎ 사물이나 사람이 뚜렷이 보이지 않는다.

누가 어디에 앉아 있는지 어디에 뭐가 있는지도 잘 보이지 않는다. 단지 시력이 약해진 듯한 기분이 든다. 잘 보이지 않더라도 Eye contact만은 꼭 해야 한다는 마음을 가지고 청중을 보면서 얘기해야 한다.

◎ Eye contact를 하기가 힘들다.
정확히 보이지 않더라도 청중을 본다는 그 자체는 Eye contact의 효과를 가진다. 시간이 지나면서 조금씩 정확히 보이기 시작하므로 당황해하지 않아도 된다.

발표를 직전에 두고 긴장을 푸는 노하우들

이제 발표를 몇 분 안 남긴 상황에서 아직도 긴장이 풀리지 않았다면, 다음과 같은 긴급 처방으로 긴장감을 약간이나마 줄여 보도록 하자.

◎ 청중들을 자기에게 빚을 진 채무자 또는 돈을 빌리러 온 사람들이라고 생각한다.
채권자는 항상 당당하게 빚 독촉을 하므로 자기에게 빚을 진 채무자 앞에서 긴장하는 일은 없을 것이다. 따라서 청중들에게 빚을 갚으라는 마음가짐을 갖고 진행한다면 자신감이 생기며 떨림도 많이 사라질 것이다.

◎ 혀를 아랫니 끝으로 갖다 댄 후 앞으로 밀어본다.

입 근육을 풀어주는 효과가 있다. 말의 떨림도 어느 정도 해결해 준다.

◎ 안면근육(표정근육) 운동을 해 본다.

입을 아래위로 크게 벌려 안면 근육이 자연스럽게 풀리도록 해 보자. 손으로 뺨을 가볍게 두드려 주는 것도 좋다. 표정근육을 움직이는 것만으로도 얼굴이 풀어지고 동시에 마음의 긴장까지도 풀 수 있다.

◎ 미소를 지어 본다.

거울을 보고 아주 과장될 정도로 크게 미소를 지어보자. 프레젠테이션 시 훨씬 자연스러운 미소를 연출하게 될 것이다.

◎ 숨을 30초 동안 깊이 들이 마신 후 내뱉어 본다.

숨을 오래 깊이 들이 마시면 뇌에 산소가 공급된다고 한다. 숨을 멈춘 후 천천히 입과 코를 통하여 숨을 내쉬어 보자. 즉, 심호흡을 해 보는 것이다. 마음이 조금이라도 차분해짐을 느끼게 될 것이다.

◎ 원고 첫 몇 페이지를 암기해 본다.

기억이 전혀 나지 않는다면 매우 긴장해 있다는 표시이며, 기억이 잘 난다면 크게 걱정하지 않아도 된다.

이외에 같이 참석한 동료들과의 가벼운 농담도 마음을 안정시키는데 도움이 된다. 그러나 위에서 언급된 긴급 처방들은 청중들이 보지 않는 곳에서만 실시해야 한다. 혹시라도 청중이 이런 모습을 보게 된다면 상당히 우스꽝스러울 것이며, 프레젠터의 이미지에도 영향을 미친다.

스타일에 따른 프레젠터 유형과 프레젠터 선정

대개가 '훌륭한 프레젠터'라는 개념만 가지고 있지 프레젠터의 유형에는 별로 관심이 없는 듯하다. 따라서 프레젠테이션을 잘 해야겠다는 마음은 있으나, 정작 자신의 유형에 대해서는 잘 인식하지 못하는 경우가 많은데, 자신의 유형에 대해 정확히 파악하고 있어야 한다. 그래야만 프레젠테이션을 어떻게 진행할지가 결정된다.

예로 자신이 상당히 열정적인 스타일임에도 불구하고 청중의 성향이 활기차다고 하여 더욱 더 열정적으로 전개해 나간다면, 프레젠테이션이 아니라 마치 현란한 잔치분위기 같은 느낌이 들 것이다.

자신의 유형은 비디오 촬영을 통해 쉽게 파악할 수 있는데, 평상시 자신의 모습이 적나라하게 드러난다. 자신의 의도와 관계없이 너무 가볍다거나 무겁게 보이기도 하고, 이상한 동작이 나온다거나 말이 너무 빠르다거나 하는 등 예전에는 잘 몰랐던 장면을 객관적으로 관찰할 수 있다.

그러면 이제 스타일에 따른 프레젠터 유형과 프레젠터 선정에 대해 살펴보자.

1. 스타일에 따른 프레젠터 유형

◎ 무겁고 중후한 스타일

신중하고 낮은 톤으로 간결하게 얘기하는 유형으로 무게감과 신뢰감이 느껴지며, 관공서 및 금융기관 등 보수적인 조직을 대상으로 발표할 때 높은 효과를 본다. 경험이 쌓이면 자연스럽게 나오는 스타일이므로 젊었을 때부터 일부러 그렇게 되려고 꼭 노력하지 않아도 된다.

◎ 유쾌하고 재미있게 진행하는 스타일

젊은 청중을 대상으로 프레젠테이션을 할 때 적합하며 유머가 풍부한 스타일이다. 논리가 필요하다기보다는 가벼운 주제를 다루는 자리에서 큰 효과를 볼 수 있다.

◎ 대단히 열정적인 스타일

청중을 숨도 못 쉴 만큼 매료시키는 스타일로 성의가 느껴지며 힘이 보이는 스타일이다. 나이와 관계없이 누구든 이런 스타일을 가진 사람들이 많으며, 어떤 청중으로부터도 좋은 평가를 받을 수 있는 유형이다.

◎ 자연스럽고 능숙한 스타일

너무 능숙하고 편안하게 진행하여 마치 대화를 나누는 듯한 느낌이 드는 스타일로 매우 바람직한 유형이다. 청중들도 편안한 마음으로 발표를 들을 수 있게 된다. 그러나 많은 경험이 뒤따르지 않고서는 되기 힘들며, 부단한 훈련이 수반되어야 한다.

이상 비교적 바람직한 프레젠터 유형들을 살펴보았다. 이들 유형 중 어떠한 유형이 가장 좋다고는 말할 수 없으며, 청중의 성격에 따라 적합한 유형이 각각 다를 수 있다.

중요한 점은 모든 프레젠터가 자신의 장단점과 유형을 잘 파악하여 그 장점을 키워나가는 노력을 해야 한다는 것이다. 또한 누구든지 자기만의 스타일이 있으므로 자기와 전혀 반대되는 스타일이 마음에 든다고 흉내내선 안 되며, 자신만의 개성 있는 프레젠테이션 스타일을 만들어 나가야 한다.

2. 프레젠터 선정

특히 기업체를 대상으로 프레젠테이션할 때 프레젠터 선정은 매우 중요하게 다루어져야 한다. 여러 가지 상황이 감안되어야 하며, 선정 시기는 빠르면 빠를수록 좋다.

그러면 그 선정 기준에 대해 알아보기로 하자.

◎ 발표주제에 익숙해져 있어야 한다.

청중이 고위직에 있는 분이 꼭 프레젠테이션을 해주길 원할지라도 그가 주제에 대해 전혀 아는 바가 없다면 발표를 해서는 안 된다. 주제에 통달해야만 프레젠터가 될 자격이 있다.

예로 연세가 많으신 분들이 패션, 컴퓨터, 통신 등의 업종에 관해 깊은 지식을 가지고 있기는 쉽지 않은데, 이런 업종의 청중으로부터 회사 대표자가 프레젠테이션을 해달라는 요청이 있을 경우 대표가 주제에 대해 전혀 지식이 없다면 프레젠터로 선정되어서는 안 된다. 그래도 굳이 해야 한다면 업종이나 주제에 대해 완전히 이해할 수 있을 때까지 공부를 해서 청중을 충분히 설득시킬 수 있을 정도가 되어야 한다.

◎ 프레젠테이션을 즐길 줄 알고 능숙하게 할 수 있어야 한다.

논리가 매우 정연하고 원고를 잘 쓰지만 프레젠테이션 자체에 대해 공포감이나 거부감을 갖고 있다면 프레젠터로 선정되어서는 안 된다. 그런 사람은 나름대로의 역할이 있다. 아무리 프레젠테이션을 하고 싶어 해도, 프레젠테이션을 즐길 줄 알고 프레젠테이션이 무엇인지를 알아야만 프레젠터가 될 자격이 있다.

◎ 청중 및 자리의 성격에 잘 부합되어야 한다.

핵심인물의 스타일에 잘 맞는 프레젠터가 누구인지, 또한 어떤 스타일의 프레젠터를 원하는지, 발표 분위기는 어떠할지 등이 사전에 충분히 분석된 후 프레젠터가 선정되어야 한다.

◎ 대 · 소그룹에 따라 적절한 프레젠터 선정을 해야 한다.

어떤 자리에서도 능숙하게 발표를 잘하는 프레젠터도 있지만, 대그룹 앞에서 잘하는 사람, 반면 소그룹 앞에서만 잘하는 사람 등 특정 환경에서 상대적으로 강점을 가진 프레젠터들이 있다. 예로 일대일의 대화에서는 자신 있게 자기주장을 잘 펼쳐나가고 논리 정연하게 의견을 제시하지만, 대중 앞에만 서면 두려움이 생겨 목소리가 유난히 작아지고 발음도 부정확한 사람들이 있다. 이런 사람들은 대중 앞에서 발표를 해서는 안 되며, 시간을 갖고 공포감을 없앨 수 있는 훈련을 충분히 해야 한다. 따라서 발표자 선정은 개인의 특성까지를 감안하여 결정하도록 하자.

바람직한 프레젠터와 바람직하지 못한 프레젠터

프레젠테이션을 잘하면 훌륭한 프레젠터, 그렇지 않으면 형편없는 프레젠터라는 일차원적인 기준을 떠나 자신이 가지고 있는 결점을 얼마나 고칠 수 있는지에 따라 그리고 얼마나 노력을 많이 하느냐에 따라 바람직하고 바람직하지 못한 프레젠터가 결정된다.

타고날 때부터 프레젠테이션을 잘하는 능력을 갖춘 이들은 별로 없다고 한다. 뛰어난 프레젠터들은 거의가 끊임없는 인내와 노력으로 만들어지는 것이다. 다음과 같은 사항을 참고하여 바람직한 프레젠터가 되기 위해 최선의 노력을 해 나가자.

1. 바람직한 프레젠터

훌륭하고 바람직한 프레젠터를 한마디로 정의하기는 힘들다. 청중들이 좋아하는 프레젠터, 경쟁 프레젠테이션에서 항상 이기는 프레젠터, 편안하게 진행하는 프레젠터, 핵심을 잘 짚어 주는 프레젠터, 목소리가 뛰어난 프레젠터, 발표가 끝난 후 꼭 무엇인가를 남기는 프레젠터, 말을 잘 하는 프레젠터, 호감이 가는 프레젠터 등 엄청나게 많은 유형이 있다. 여기서는 바람직한 프레젠터가 되기 위해 갖추어야 할 기본적인 조건들을 살펴본다.

◎ 청중과의 공감대를 형성하기 위해 노력하는 프레젠터
프레젠테이션이란 절대 혼자 떠들고 끝내는 것이 아닌 듣는 사람들에게 자신의 생각이나 정보를 전달하고 설득하는 과정이다. 그러기 위해서는 청중이 공감하도록 해야 하고, 프레젠터는 그것을 위해 부단히 노력해 나가야 한다.

◎ 프레젠테이션의 분명한 목적과 목표를 설정할 수 있는 프레젠터

완벽한 청중분석을 통해서 그들이 듣고자하는 바와 발표를 통하여 달성하고자 하는 목표를 정확히 정립하여, 스스로 잡은 목적과 목표를 청중이 기대하는 그것과 일치시키는 프레젠터이다.

◎ 멋진 시작(인사 및 도입부)으로 문을 여는 프레젠터

프레젠터의 이미지에 큰 영향을 미치는 시작부분을 자연스럽게 진행하고, 인상에 남도록 만드는 프레젠터. 청중에게 호기심을 제공하며 본론부에 대해 기대감을 갖도록 만든다. 시작 부분이 성공적으로 이루어진다면 나머지 시간에 있어서도 관심집중을 쉽게 유지시킬 수 있다.

◎ 따라가기 쉬운 본론부를 전개해 나가는 프레젠터

프레젠터 자기중심이 아닌 청중의 수준을 기준으로 하여 본론부를 펼쳐나가는 프레젠터. 청중들이 몰입하도록 만든다. 프레젠터

중심으로 전개한다면 스스로는 만족할지 몰라도 청중들은 무슨 얘기를 들었는지 잘 이해하지 못할 때가 많다.

◎ 기억에 남을 만한 결론부로 끝을 맺는 프레젠터

발표를 감동적으로 끝내기 위해서, 그리고 핵심적인 부분을 다시 한 번 기억시켜 주기 위해서는 반드시 결론부를 효과적으로 마무리해야 한다. 청중으로 하여금 '저들이 제시한 전략대로 실행에 옮기면 반드시 성공할 것이다.' 라는 확신을 갖도록 만드는 프레젠터이다.

◎ 발표 중 70~80%의 Eye contact를 실시하는 프레젠터

비언어적 요소 중 가장 중요한 청중과의 눈맞춤을 항상 신경 써서 관심을 집중시키고, 메시지를 효과적으로 전달하는 프레젠터. 물론 평소 때 꾸준히 훈련해야 함은 지극히 당연한 일이다.

◎ 효과적인 제스처와 Movement를 사용하는 프레젠터

손동작과 위치의 움직임을 효과적으로 사용하여 발표를 설득력이 있고 자연스럽게 만들어주는 프레젠터. 역시 평소 때의 생활화가 반드시 필요하다.

◎ 열려있고 환한 표정을 짓는 프레젠터

청중에게 편안한 느낌을 제공하여 자신의 이미지를 좋게 만드는 프레젠터. 열려 있고 환한 표정을 짓기 위해서는 항상 긍정적인 사고방식을 가져야 하며, 웃는 훈련을 많이 해야 한다.

◎ 주제에 관한 열정을 가진 프레젠터

발표주제에 대해서는 아주 작은 부분이라도 관심을 기울이고 항상 연구하며 지속적인 노력을 하는 프레젠터. 준비가 완료되면 그 어느 누구보다도 주제에 대해 전문가가 되어 있어야 한다.

◎ 부드러운 질의응답 시간을 갖는 프레젠터

자신을 더욱 더 전문가답게 만들어 주는 질의응답 시간. 훌륭한 프레젠터는 이 시간을 잘 활용한다. 프레젠터를 긴장시키는 시간이지만 예상 질문을 충분히 준비하여 모든 질문에 답할 수 있도록 해야 하며, 어떤 질문에도 침착함을 잃지 않고 부드럽게 대처해 나가도록 한다.

◎ 항상 연습을 게을리 하지 않는 프레젠터

끊임없이 연습함으로써 언제나 여유와 자신감을 갖는 프레젠터. 경험이 쌓이더라도 진정한 프레젠터는 항상 겸허한 마음으로 꾸준히 노력한다.

◎ 타인의 충고를 겸허하게 받아들이는 프레젠터

타인의 충고를 받아들이기가 그리 쉬운 일만은 아니다. 그러나 프레젠터 스스로가 느끼지 못하는 부분을 타인은 객관적으로 정확히 짚어주므로, 절대로 그들의 충고나 조언을 무시해서는 안 된다. 그렇지 않으면 발전을 기대하기 힘들며 우물 안 개구리밖에 안 된다. 진정 훌륭한 프레젠터가 되길 원한다면 독불장군(獨不將軍)이 되어서는 안 된다.

◎ 작은 부분 하나 하나에도 최선을 다하는 프레젠터

작은 요소 하나가 큰 결과로 나타나는 경우가 많다. 발표와 관련된 모든 부분에 있어 촉각을 곤두세우고 최선을 다하는 프레젠터가 되도록 하자.

◎ 많은 사례를 드는 프레젠터

사례는 이해를 돕는데 큰 도움이 되며, 그리고 설득력을 더해주는 무기이므로 평소 많은 사례를 준비했다가 필요할 때 적절히 사용해야 한다. 훌륭한 프레젠터는 적재적소(適材適所)에 알맞은 사례를 이용한다.

◎ 자연스러운 연결어와 연결 구문을 사용하는 프레젠터

프레젠테이션은 연결된 이야기이다. 말의 막힘이 없이 다음 문장 및 슬라이드에 나올 내용을 부드럽게 연결시키며, 대화하듯이 자연스럽게 진행해 나간다.

◎ 적절한 옷차림을 갖추는 프레젠터

청중이 어색하게 느끼지 않게끔 분위기에 잘 어울리는 옷차림을 갖추는 프레젠터이다.

2. 바람직하지 못한 프레젠터

다음은 바람직하지 못한 프레젠터에 대해 살펴보기로 하자. 아래 사항들은 프레젠터로서 꼭 고쳐야 할 점들이며, 스스로 판단했을 때 다음 사항 중 하나라도 해당된다면 즉시 개선해 나가야 한다. 지금까지 프레젠테이션을 잘 하기 위해 여러 스킬들을 언급하였지만, 아래 사항들이 고쳐지지 않는다면 아무리 훌륭한 스킬을 가지고 있어도 뛰어난 프레젠테이션을 하기가 힘들다.

◎ 산만하며 종잡을 수 없는 얘기와 답변만을 늘어놓는 프레젠터

말은 많은데 전혀 정리가 되지 않는 유형으로, 대개 무슨 말이든 해야 한다는 강박관념을 갖고 있는 이들이다. 별 생각 없이 입에서 나오는 대로 말하는 부류를 일컬으며, 질문에 대한 답변도 마찬가지 방식으로 한다. 평소 대화 시에도 이런 습관이 그대로 나타나며, 주위에서 반드시 비평과 함께 수정을 해주어야 한다.

◎ 거만하다거나 지나칠 정도의 싹싹함을 보이는 프레젠터

거만하다는 인상을 풍기는 사람들은 대단한 자부심을 가지고 있는 부류이며, 과거나 최근에 성공 실적을 한두 번쯤은 경험한 이들이다. 이 기분을 프레젠테이션에 그대로 반영하지만 청중들에게 오히려 거부감을 불러일으킨다. 자신의 능력은 남들이 알아서 판단해야지 스스로 돋보이려고 하면 역효과만 일어난다.

반면 지나칠 정도로 싹싹함을 보이는 프레젠터는 청중의 의견이나 아이디어를 무조건 옳다며 받아들이려고 하는 경향이 있는데, 이렇게 되면 전문가로서의 믿음을 얻어내기가 힘들며 단지 결과를 빨리, 좋게 끝내려고 하는 과도한 욕심만 보일 뿐이다. 진정한 프로란 상대방의 말에 무조건 고개를 끄덕이지도 않을 뿐만 아니라 쉽게 수그러들지도 않는 법이다.

◎ 지나치게 자기 방어적이거나 신경질적인 반응을 보여 청중을 적으로 만드는 프레젠터

주로 질의응답 시간에 나타나는 현상이다. 거의 모든 질문자들은 순수한 의도에서 질문을 한다. 즉, 단지 궁금해서, 보충 설명을 듣기 위해서 하는 질문들이다. 그런데도 답변자가 과민반응을 보이며 "왜 이런 질문을 하느냐?", "왜 개인 의견을 주장하는 내용의 질문을 하느냐?" 등의 반응을 보이면 질문자가 얼마나 무안하겠는가?

또한 잊지 말아야 할 포인트는 '청중들은 전문가가 아니다.' 라는 점이다. 매우 기본적인 질문을 하기도 하고 상황 파악을 전혀 하지 못한 채 질문을 던지기도 한다. 그렇다고 이들을 무시한다거나 귀에 거슬리는 표현을 사용해서는 안 된다.

그러나 가장 민감한 순간은 청중이 발표자의 주장과 반대되는 의견을 제시할 때다. 이 때 발표자가 자신의 주장을 너무 강하게 펼친다면 그 청중을 적대자로 만들게 된다. 청중의 기분을 상하게 해서 좋을 것은 하나도 없다. 그들을 무시한다거나 신경질적인 반응을 보이는 일은 절대로 없어야겠다. 사소한 일로 청중을 적으로 만드는 것은 몹시 어리석은 일이며, 반대로 우호적으로 만드는 것은 매우 지혜로운 일이다.

청중과 대립해서 이길 수 있는 프레젠터는 없다. 비록 논쟁에서

이겼다 하더라도 실제로는 졌다고 판단해야 한다. 왜? 만약 그들에게 채점표가 쥐어져 있다면, 당신에게 절대로 좋은 점수를 주지 않을 것이기 때문이다.

◎ 자신의 스타일에 대해 정확히 파악하지 못하는 프레젠터

누구든지 자신만의 스타일이 있게 마련이며 그 스타일은 좀처럼 바꾸기 힘들다. 특히 누가 봐도 '무게' 라고는 전혀 느껴지지 않음에도 불구하고, '무게' 를 좀 잡고 싶다고 하여 어색한 행동을 보이면 참으로 어울리지 않는다. 따라서 정말 '무게' 를 잡아야 되는 자리라면 그런 프레젠터를 선택해야 하며, 꼭 자신이 발표를 해야 하는 상황에서 분위기가 요구하는 스타일을 보여주기 힘들다면 자신의 스타일 그대로 밀고 나가는 게 상책이다. 자신만의 스타일, 매우 중요한 요소이다.

◎ 청중의 스타일에 관계없이 항상 일관된 형식으로 발표하는 프레젠터

어떻게 보면 위 사항과 대치된다고 생각할 수 있으나 그렇지 않다.

요점만 간단히 전달해야 할 프레젠테이션과 전략의 흐름을 자세히 설명해주어야 하는 프레젠테이션, 또는 논리적인 접근이 강하게 요구되는 프레젠테이션과 결과만 직설적으로 내려 주어야 하

는 프레젠테이션 등 청중이 요구하는 여러 형식을 생각해 볼 수 있는데, 각각 이에 적합한 형식을 갖추어야 한다. 그럼에도 불구하고 모든 발표에 있어 똑같은 형식을 갖춘다면 실패할 확률이 높아짐은 자명하다.

◎ 연습 없이 즉흥적인 연출을 하는 프레젠터

물론 경험이 많아지면 적은 횟수의 연습만으로, 아니 즉흥적인 연출만으로도 자연스럽게 진행할 수 있게 된다. 그러나 그 정도 되는 최고의 전문가들이 이 세상에 몇 %나 되겠는가? 본인은 그런 전문가 중 하나라고 자신할 수 있는가? 아니라면 부단히 연습해야 한다. '어떻게 되겠지.'라는 생각은 절대로 갖지 말자.

연습을 생략한 채 프레젠테이션을 한다는 것은 '성의 있는 프레젠테이션을 하고 싶은 마음이 없다.'라는 말과도 통한다. 정말 시간이 없다면 단지 원고를 몇 번이라도 읽어보고 가는 최소한의 성의는 보여야 하겠다.

◎ 실패 후 리뷰(Review)를 하기보다는 청중만 탓하는 프레젠터

가장 나쁜 케이스이며, 이런 프레젠터는 꼭 개선을 해야 한다. 이와 같은 자세를 지속한다면 발전 가능성이 전혀 없기 때문이다.

이들이 자주 하는 말들을 들어보면 다음과 같다. "아니, 맛있는 떡을 갖다 주면 뭐해? 받아먹질 못하니.", "프레젠테이션도 앞으로는 가려서 해야겠어.", "아무리 쉽게 설명해도 이해를 못하는 것 같아." 등.

그러나 이러한 불평을 하기 전에 왜 실패했는지를 분석해 보아야 한다. "혹시 청중의 수준 파악이 안 되어서 너무 어려운 내용을 다루지는 않았나?", "내용의 깊이가 청중의 요구에 부합하지 못한 것은 아닌가?" "그들이 요구하는 내용보다는 우리가 던지고 싶었던 내용을 위주로 전개하지는 않았나?" 등의 반성을 해보아야 한다. 어쨌든 프레젠터는 대개 '을(乙)'의 위치에 있으며, 모든 프레젠테이션은 '갑(甲)' 중심으로 전개되어야하므로 청중인 '갑'의 입장을 중시하는 발표가 되어야겠다.

공자(孔子)의 논어(論語)에 보면 이런 말이 나온다. "일이 잘못되었을 때 큰 인물은 자기 몸으로 돌아가서 반성을 하지만, 소인은 모든 것을 남의 탓으로 돌린다." 항상 이 말을 명심하자.

3. Who will be a winner?

마지막으로 두 부류의 프레젠터를 비교해 보자.

첫 번째 부류는 'Mr. Able'이다. 즉, 누가 보더라도 아주 능력 있고 똑똑해 보이는 프레젠터를 말한다. 논리적이고 치밀해 보이며 자기주장 또한 강하다. 흠잡을 데가 별로 없으며, 스스로도 탁월한 프레젠터라고 생각한다.

두 번째 부류는 첫 번째와는 좀 다른 스타일로 'Mr. Good'이다. 호감이 가고 왠지 우리와 궁합이 잘 맞을 것 같은 프레젠터다. 프레젠터로서의 기본 조건은 거의 갖추었으나, Mr. Able보다 지식적인 측면, 논리적인 측면 등에 있어서는 다소 뒤진다. 그러나 Mr. Able이 갖지 못한 호의적이고 친근한 느낌이 전달되며 게다가 매력적이기까지 한 스타일이다.

이 두 부류가 동일한 청중들을 대상으로 하여 동일한 주제로 프레젠테이션을 실시하였다고 가정해 보자. 어느 부류의 승률이 높겠는가? Mr. Good? Mr. Able? 각자 나름대로 판단해 보기 바란다.

조사 결과에 의하면, 아주 큰 차이가 나지는 않지만 Mr. Good의 승률이 높다고 한다. 청중에게 호감을 준다는 것이 얼마나 중요한

지를 단적으로 보여주는 자료다. 똑똑하고 유능해 보이는 것도 중요하지만, '인간미'가 풍겨야 하며 '업무파트너'로서 잘 어울릴 것 같은 이미지를 제공하는 것이 더욱 더 중요하다는 의미다.

그런데 필자가 주위를 둘러보면 Mr. Good이 되려고 노력하는 이들보다 Mr. Able이 되려고 노력하는 사람들이 훨씬 많은 것 같은 느낌을 항상 받곤 한다. 물론 Mr. Good이 되려고 열심히 노력하여도 선천적으로 잘 되지 않는 사람들도 있으나, 청중에게 호감을 제공하지 않으면 좋은 결과를 얻을 수 없다는 사실을 인지하여 꾸준히 노력해 나가야겠다.

특히 프레젠테이션 능력이 많이 요구되는 전문 업체에서 '사람과의 관계를 얼마나 돈독히 만드느냐'라는 문제는 직장 생활 및 비즈니스 관계에 있어서 성공 여부를 결정짓는 아주 중요한 관건이다. 좋은 관계를 만들기 위해서는 출중한 능력도 무시할 수는 없지만, 그 외에 어떠한 점이 필요한지는 이 글을 읽고 있는 모든 독자들이 잘 알고 있을 것이다.

상대방이 인식하기에 진실되고 성의가 느껴지는, 자기 이익만을 주장하지 않는, 항상 남을 배려하는 마음을 가진 그런 프레젠터가 된다면 분명 좋은 결과가 있으리라고 확신한다.

　　지금까지 '어떻게 하면 프레젠테이션을 잘 할 수 있을까?' 라는 내용을 주제로 여러 가지 사항을 살펴보았다. 스킬을 잘 사용하는 것도 필요하며, 프레젠테이션에 임하는 자세 및 열정과 노력 또한 대단히 중요하다는 사실도 알게 되었다. 그리고 훌륭한 프레젠터가 되기 위해서는 남들이 생각하지 못하는 세밀한 부분까지도 신경을 써야만 가능하다는 것도 또 한번 알게 되었다.

　　그러나 무엇보다 중요한 점은 바로 꾸준한 연습이다. 연습을 하지 않고서 잘 되기를 바라는 마음은 마치 처음 산 복권이 1등으로 당첨되길 바라는 허무한 욕심과 다를 바 없다. 따라서 "프레젠테이션을 잘하고 싶다"라는 바람을 갖기 전에, 충분한 연습을 거친 후 실전에 임해야 하며, 잘못된 부분을 계속해서 고쳐 나가는 습관을 길러 나가야 한다.

　　또한 너무나도 중요한 사항은 모든 프레젠테이션은 '설명하는 프레젠터 자신' 보다 '듣는 청중들' 중심으로 진행되어야 한다는 진리다. 그러기 위해서는 청중 분석이 가장 먼저 선행되어야 하고, 그들이 원하는 내용을 그들의 수준에 맞게 펼쳐 나가야 한다.

이 두 가지만 제대로 이루어진다면 고도의 기술 없이도 누구든 뛰어난 프레젠터가 충분히 될 수 있다고 본다. 다년간의 경험을 쌓은 후에도 훌륭한 프레젠터가 되지 못하는 이유는 바로 이 두 가지 가장 기본적인 사항을 실천에 옮기지 못했기 때문이다.

그리고 남들이 하는 프레젠테이션을 잘 지켜보도록 하자. 타산지석(他山之石)이라는 성어가 있지 않은가? 다른 사람들이 발표하는 모습을 잘 지켜보면, 장단점이 극명하게 드러난다. 좋은 점은 자기 것으로 만들고, 눈과 귀를 거슬리게 하는 언행은 하지 않아야겠다는 다짐을 하고……. 이러한 과정을 반복해 간다면 굉장히 빠른 시일 내에 매끄러운 발표를 할 수 있을 것이다.

물론 개인에 따라 조금씩의 차이는 있겠지만, 필자가 판단하기에

80~90% 이상은 훌륭한 프레젠터가 될 자격이 충분히 있으며, 약간의 경험만 뒷받침된다면 누구든지 내로라 하는 명 프레젠터가 될 수 있다고 확신한다. 할 수 있다는 자세와 의지가 중요하며, 제대로 하기 위해서 어떻게 준비하느냐가 그 사람의 프레젠테이션 능력을 결정하는 것이다.

지금은 '자기 PR'의 시대다. 자신을 어떻게 잘 소구하느냐에 따라 이미지와 능력 등이 평가되고 소위 말해서 '몸값'도 결정된다. "남 앞에서 발표를 잘 하는 사람이 잘 먹고 잘 살더라."라는 말도 있듯이 이 책을 읽는 모든 독자들이 스스로 만족하는 훌륭한 프레젠터가 되기를 다시 한 번 바란다.

필자는 이 책을 통하여 단지 내용을 전달하고자 하는 의도보다는 독자들이 많은 것을 느끼고 자기 것으로 소화하여 실천에 옮길 수 있었으면 하는 소망을 가져본다. 마지막으로 이탈리아의 천문학자인 Galileo Galilei(1564~1642)의 명언을 인용한다.

"우리는 사람들에게 어떤 것도 가르칠 수 없다. 다만 그들이 자기 안에서 무언가를 찾도록 도울 수 있을 뿐이다."

가림출판사 · 가림M&B · 가림Let's에서 나온 책들

문 학

바늘구멍
켄 폴리트 지음 / 홍영의 옮김 / 신국판 / 342쪽 / 5,300원

레베카의 열쇠
켄 폴리트 지음 / 손연숙 옮김 / 신국판 / 492쪽 / 6,800원

암병선
니시무라 쥬코 지음 / 홍영의 옮김 / 신국판 / 300쪽 / 4,800원

첫키스한 얘기 말해도 될까
김정미 외 7명 지음 / 신국판 / 228쪽 / 4,000원

사미인곡 上·中·下 김충호 지음 / 신국판 / 각 권 5,000원

이내의 끝자리 박수완 스님 지음 / 국판변형 / 132쪽 / 3,000원

너는 왜 나에게 다가서야 했는지
김충호 지음 / 국판변형 / 124쪽 / 3,000원

세계의 명언 편집부 엮음 / 신국판 / 322쪽 / 5,000원

여자가 알아야 할 101가지 지혜
제인 아서 엮음 / 지창국 옮김 / 4×6판 / 132쪽 / 5,000원

현명한 사람이 읽는 지혜로운 이야기
이정민 엮음 / 신국판 / 236쪽 / 6,500원

성공격인 표정이 당신을 바꾼다
마츠오 도오루 지음 / 홍영의 옮김 / 신국판 / 240쪽 / 7,500원

태양의 법
오오카와 류우오오 지음 / 민병수 옮김 / 신국판 / 246쪽 / 8,500원

영원의 법
오오카와 류우오오 지음 / 민병수 옮김 / 신국판 / 240쪽 / 8,000원

석가의 본심
오오카와 류우오오 지음 / 민병수 옮김 / 신국판 / 246쪽 / 10,000원

옛 사람들의 재치와 웃음
강형중 · 김경익 편저 / 신국판 / 316쪽 / 8,000원

지혜의 샘터
쇼펜하우어 지음 / 김충호 엮음 / 4×6판 양장본 / 160쪽 / 4,300원

헤세가 너에게
헤르만 헤세 지음 / 홍영의 엮음 / 4×6판 양장본 / 144쪽 / 4,500원

사랑보다 소중한 삶의 의미
크리슈나무르티 지음 / 최윤영 엮음 / 신국판 / 180쪽 / 4,000원

장자-어찌하여 알 속에 털이 있다 하는가
홍영의 엮음 / 4×6판 / 180쪽 / 4,000원

논어-배우고 때로 익히면 즐겁지 아니한가
신도회 엮음 / 4×6판 / 180쪽 / 4,000원

맹자-가까이 있는데 어찌 먼 데서 구하려 하는가
홍영의 엮음 / 4×6판 / 180쪽 / 4,000원

아름다운 세상을 만드는 사랑의 메시지 365
DuMont monte Verlag 엮음 / 정성호 옮김
4×6판 변형 양장본 / 240쪽 / 8,000원

황금의 법
오오카와 류우오오 지음 / 민병수 옮김 / 신국판 / 320쪽 / 12,000원

왜 여자는 바람을 피우는가?
기젤라 룬테 지음 / 김현성 · 진정미 옮김 / 국판 / 200쪽 / 7,000원

세상에서 가장 아름다운 선물
김인자 지음 / 국판변형 / 292쪽 / 9,000원

수능에 꼭 나오는 한국 단편 33
윤종필 엮음 / 신국판 / 704쪽 / 11,000원

수능에 꼭 나오는 한국 현대 단편 소설
윤종필 엮음 및 해설 / 신국판 / 364쪽 / 11,000원

수능에 꼭 나오는 세계단편(영미권)
지창영 옮김 / 윤종필 엮음 및 해설 / 신국판 / 328쪽 / 10,000원

수능에 꼭 나오는 세계단편(유럽권)
지창영 옮김 / 윤종필 엮음 및 해설 / 신국판 / 360쪽 / 11,000원

대왕세종 1·2·3 박충훈 지음 / 신국판 / 각 권 9,800원

세상에서 가장 소중한 아버지의 선물

최은경 지음 / 신국판 / 144쪽 / 9,500원

건 강

아름다운 피부미용법
이은희(한독피부미용학원 원장) 지음 / 신국판 / 296쪽 / 6,000원

버섯건강요법 김병각 외 6명 지음 / 신국판 / 286쪽 / 8,000원

성인병과 암을 정복하는 유기게르마늄
이상현 편저 / 카오 샤오이 감수 / 신국판 / 312쪽 / 9,000원

난치성 피부병 생약효소연구원 지음 / 신국판 / 232쪽 / 7,500원

新 방약합편 정도명 편역 / 신국판 / 416쪽 / 15,000원

자연치료의학 오홍근(신경정신과 의학박사 · 자연의학박사) 지음
신국판 / 472쪽 / 15,000원

약초의 활용과 가정한방 이인성 지음 / 신국판 / 384쪽 / 8,500원

역전의학
이시하라 유미 지음 / 유태종 감수 / 신국판 / 286쪽 / 8,500원

이순희식 순수피부미용법
이순희(한독피부미용학원 원장) 지음 / 신국판 / 304쪽 / 7,000원

21세기 당뇨병 예방과 치료법
이현철(연세대 의대 내과 교수) 지음 / 신국판 / 360쪽 / 9,500원

신재용의 민의학 동의보감
신재용(해성한의원 원장) 지음 / 신국판 / 476쪽 / 10,000원

치매 알면 치매 이긴다
배오성(백상한방병원 원장) 지음 / 신국판 / 312쪽 / 10,000원

21세기 건강혁명 밥상 위의 보약 생식
최경순 지음 / 신국판 / 348쪽 / 9,800원

기치유와 기공수련
윤한홍(기치유 연구회 회장) 지음 / 신국판 / 340쪽 / 12,000원

만병의 근원 스트레스 원인과 퇴치
김지혁(김지혁한의원 원장) 지음 / 신국판 / 324쪽 / 9,500원

김종성 박사의 뇌졸중 119 김종성 지음 / 신국판 / 356쪽 / 12,000원

탈모 예방과 모발 클리닉
장정훈 · 전재홍 지음 / 신국판 / 252쪽 / 8,000원

구태규의 100% 성공 다이어트
구태규 지음 / 4×6배판 변형 / 240쪽 / 9,900원

암 예방과 치료법 이춘기 지음 / 신국판 / 296쪽 / 11,000원

알기 쉬운 위장병 예방과 치료법
민영일 지음 / 신국판 / 328쪽 / 9,900원

이온 체내혁명
노보루 야마노이 지음 / 김병관 옮김 / 신국판 / 272쪽 / 9,500원

어혈과 사혈요법 정지천 지음 / 신국판 / 308쪽 / 12,000원

약손 경락마사지로 건강미인 만들기
고정환 지음 / 4×6배판 변형 / 284쪽 / 15,000원

정유정의 LOVE DIET
정유정 지음 / 4×6배판 변형 / 196쪽 / 10,500원

머리에서 발끝까지 예뻐지는 부분다이어트
신상만 · 김선민 지음 / 4×6배판 변형 / 196쪽 / 11,000원

알기 쉬운 심장병 119 박승정 지음 / 신국판 / 248쪽 / 9,000원

알기 쉬운 고혈압 119 이정균 지음 / 신국판 / 304쪽 / 10,000원

여성을 위한 부인과질환의 예방과 치료
차선희 지음 / 신국판 / 304쪽 / 10,000원

알기 쉬운 아토피 119
이승규 · 임승엽 · 김문호 · 안유일 지음 / 신국판 / 232쪽 / 9,500원

120세에 도전한다
이권행 지음 / 신국판 / 308쪽 / 11,000원

건강과 아름다움을 만드는 요가
정판식 지음 / 4×6배판 변형 / 224쪽 / 14,000원

우리 아이 건강하고 아름답운 롱다리 만들기
김성훈 지음 / 대국전판 / 236쪽 / 10,500원

알기 쉬운 허리디스크 예방과 치료

이종서 지음 / 대국전판 / 336쪽 / 12,000원

소아과 전문의에게 듣는 알기 쉬운 소아과 119
신영라 · 이강우 · 최성항 지음 / 4×6판 변형 / 280쪽 / 14,000원

피가 맑아야 건강하게 오래 살 수 있다
김영찬 지음 / 신국판 / 256쪽 / 10,000원

웰빙형 피부 미인을 만드는 나만의 셀프 피부건강
양혜원 지음 / 대국전판 / 144쪽 / 10,000원

내 몸을 살리는 생활 속의 웰빙 항암 식품
이승남 지음 / 대국전판 / 248쪽 / 9,800원

마음한글, 느낌한글 박완식 지음 / 4×6배판 / 300쪽 / 15,000원

웰빙 동의보감식 발마사지 10분
최미희 지음 / 신재용 감수 / 4×6배판 변형 / 204쪽 / 13,000원

아름다운 몸, 건강한 몸을 위한 목욕 건강 30분
임하성 지음 / 대국전판 / 176쪽 / 9,500원

내가 만드는 한방생주스 60 김영섭 지음 / 국판 / 112쪽 / 7,000원

몸을 살리는 건강식품
백은희 · 조창호 · 최양진 지음 / 신국판 / 384쪽 / 11,000원

건강도 키우고 성격도 올리는 자녀 건강
김진돈 지음 / 신국판 / 304쪽 / 12,000원

알기 쉬운 간질환 119 이관식 지음 / 신국판 / 272쪽 / 11,000원

밥으로 병을 고친다 허봉수 지음 / 대국전판 / 352쪽 / 13,500원

알기 쉬운 신장병 119 김형규 지음 / 신국판 / 240쪽 / 10,000원

마음의 감기 치료법 우울증 119
이민수 지음 / 대국전판 / 232쪽 / 9,800원

관절염 119 송영욱 지음 / 대국전판 / 224쪽 / 9,800원

내딸을 위한 미성년 클리닉
강병문 · 이향아 · 최정원 지음 / 국판 / 148쪽 / 8,000원

암을 다스리는 기적의 치유법 케이 세이헤이 감수 / 카와키 나리카즈
지음 / 민병수 옮김 / 신국판 / 256쪽 / 9,000원

스트레스 다스리기 대한불안장애학회 스트레스관리연구특별위원회
지음 / 신국판 / 304쪽 / 12,000원

천연 식초 건강법 건강식품연구회 엮음 / 신재용(해성한의원 원장) 감수
신국판 / 252쪽 / 9,000원

암에 대한 모든 것
서울아산병원 암센터 지음 / 신국판 / 360쪽 / 13,000원

알록달록 컬러 다이어트 이승남 지음 / 국판 / 248쪽 / 10,000원

당신도 부모가 될 수 있다 정병준 지음 / 신국판 / 268쪽 / 9,500원

키 10cm 더 크는 키네스 성장법 김양수 · 이종균 · 최형규 · 표재환 · 김문
희 지음 / 대국전판 / 312쪽 / 12,000원

당뇨병 백과
이현철 · 송영득 · 안철우 지음 / 4×6판 변형 / 392쪽 / 16,000원

호흡기 클리닉 119 박성학 지음 / 신국판 / 256쪽 / 10,000원

키 쑥쑥 크는 롱다리 만들기
롱다리 성장클리닉 원장단 지음 / 4×6배판 변형 / 256쪽 / 11,000원

내 몸을 살리는 건강식품
백은희 외 지음 / 신국판 / 384쪽 / 12,000원

내 몸에 맞는 운동과 건강
하철수 지음 / 신국판 / 264쪽 / 11,000원

알기 쉬운 척추 질환 119
김수연 지음 / 신국판 변형 / 240쪽 / 11,000원

베스트 닥터 박승정 교수팀의 심장병 예방과 치료
박승정 외 5인 지음 / 신국판 / 264쪽 / 10,500원

암 전이 재발을 막아주는 한방 신치료 전략
조종관 · 유화승 지음 / 신국판 / 308쪽 / 12,000원

식탁 위의 위대한 혁명 사계절 웰빙 식품
김진돈 지음 / 신국판 / 284쪽 / 12,000원

교 육

우리 교육의 창조적 백색혁명
원상기 지음 / 신국판 / 206쪽 / 6,000원

현대생활과 체육
조창남 외 5명 공저 / 신국판 / 340쪽 / 10,000원

퍼펙트 MBA IAE유학네트 지음 / 신국판 / 400쪽 / 12,000원

유학길라잡이 I - 미국편
IAE유학네트 지음 / 4×6배판 / 372쪽 / 13,900원

유학길라잡이 II - 4개국편
IAE유학네트 지음 / 4×6배판 / 348쪽 / 13,900원

조기유학길라잡이.com
IAE유학네트 지음 / 4×6배판 / 428쪽 / 15,000원

현대인의 건강생활
박상호 외 5명 공저 / 4×6배판 / 268쪽 / 15,000원

천재아이로 키우는 두뇌훈련
나카마츠 요시로 지음 / 민병수 옮김 / 국판 / 288쪽 / 9,500원

두뇌혁명
나카마츠 요시로 지음 / 민병수 옮김 / 4×6판 양장본 / 288쪽 / 12,000원

테마별 고사성어로 익히는 한자
김경익 지음 / 4×6배판 변형 / 248쪽 / 9,800원

生생 공부비법 이은숭 지음 / 대국전판 / 272쪽 / 9,500원

자녀를 성공시키는 습관만들기
배은경 지음 / 대국전판 / 232쪽 / 9,500원

한자능력검정시험 1급
한자능력검정시험연구위원회 편저 / 4×6배판 / 568쪽 / 21,000원

한자능력검정시험 2급
한자능력검정시험연구위원회 편저 / 4×6배판 / 472쪽 / 18,000원

한자능력검정시험 3급(3급II)
한자능력검정시험연구위원회 편저 / 4×6배판 / 440쪽 / 17,000원

한자능력검정시험 4급(4급II)
한자능력검정시험연구위원회 편저 / 4×6배판 / 352쪽 / 15,000원

한자능력검정시험 5급
한자능력검정시험연구위원회 편저 / 4×6배판 / 264쪽 / 11,000원

한자능력검정시험 6급
한자능력검정시험연구위원회 편저 / 4×6배판 / 168쪽 / 8,500원

한자능력검정시험 7급
한자능력검정시험연구위원회 편저 / 4×6배판 / 152쪽 / 7,000원

한자능력검정시험 8급
한자능력검정시험연구위원회 편저 / 4×6배판 / 112쪽 / 6,000원

볼링의 이론과 실기 이택상 지음 / 신국판 / 192쪽 / 9,000원

고사성어로 끝내는 천자문
조준상 글 · 그림 / 4×6배판 / 216쪽 / 12,000원

논술 종합 비타민
이종원 지음 / 신국판 / 200쪽 / 9,000원

내 아이 스타 만들기 김민성 지음 / 신국판 / 200쪽 / 9,000원

교육 1번지 강남 엄마들의 수험생 자녀 관리
황송주 지음 / 신국판 / 288쪽 / 9,500원

초등학생이 꼭 알아야 할 위대한 역사 상식
우진영 · 이양경 지음 / 4×6배판 변형 / 228쪽 / 9,500원

초등학생이 꼭 알아야 할 행복한 경제 상식
우진영 · 전선심 지음 / 4×6배판 변형 / 224쪽 / 9,500원

초등학생이 꼭 알아야 할 재미있는 과학상식
우진영 · 정경희 지음 / 4×6배판 변형 / 220쪽 / 9,500원

한자능력검정시험 3급 · 3급II
한자능력검정시험연구위원회 편저 / 4×6판 / 380쪽 / 7,500원

교과서 속에 꼭꼭 숨어있는 이색박물관 체험 이신화 지음
대국전판 / 248쪽 / 12,000원

초등학생 독서 논술(저학년) 책마루 독서교육연구회 지음
4×6배판 변형 / 244쪽 / 14,000원

초등학생 독서 논술(고학년) 책마루 독서교육연구회 지음
4×6배판 변형 / 236쪽 / 14,000원

놀면서 배우는 경제 김솔 지음 / 대국전판 / 196쪽 / 10,000원

건강생활과 레저스포츠 즐기기
강선희 외 11명 공저 / 4×6배판 / 324쪽 / 18,000원

아이의 미래를 바꿔주는 좋은 습관
배은경 지음 / 신국판 / 216쪽 / 9,500원

다중지능 아이의 미래를 바꾼다
이소영 외 6인 지음 / 신국판 / 232쪽 / 11,000원

체육학 자연과학 및 사회과학 분야의 석·박사 학위 논문, 학술진흥재단
등재지, 등재후보지와 관련된 학회지 논문 작성법
하철수·김봉경 지음 / 신국판 / 336쪽 / 15,000원
공부가 제일 쉬운 공부 달인 되기
이은승 지음 / 신국판 / 256쪽 / 10,000원

취미·실용

김진국과 같이 배우는 와인의 세계
김진국 지음 / 국배판 변형 양장본(올컬러) / 208쪽 / 30,000원
배스낚시 테크닉   이종건 지음 / 4×6배판 / 440쪽 / 20,000원
나도 디지털 전문가 될 수 있다!!!
이승훈 지음 / 4×6배판 / 320쪽 / 19,200원
건강하고 아름다운 동양란 기르기
난마을 지음 / 4×6배판 변형 / 184쪽 / 12,000원
애완견114 황양원 엮음 / 4×6배판 변형 / 228쪽 / 13,000원

경제·경영

CEO가 될 수 있는 성공법칙 101가지
김승룡 편역 / 신국판 / 320쪽 / 9,500원
정보소프트 김승룡 지음 / 신국판 / 324쪽 / 6,000원
기획대사전 다카하시 겐코 지음 / 홍영의 옮김
신국판 / 552쪽 / 19,500원
맨손창업·맞춤창업 BEST 74
양혜숙 지음 / 신국판 / 416쪽 / 12,000원
무자본, 무점포 창업! FAX 한 대면 성공한다
다카시로 고시 지음 / 홍영의 옮김 / 신국판 / 226쪽 / 7,500원
성공하는 기업의 인간경영 중소기업 노무 연구회 편저 / 홍영의 옮김
신국판 / 368쪽 / 11,000원
21세기 IT가 세계를 지배한다
김광희 지음 / 신국판 / 380쪽 / 12,000원
경제기사로 부자아빠 만들기
김기태·신현태·박근수 공저 / 신국판 / 388쪽 / 12,000원
포스트 PC의 주역 정보가전과 무선인터넷
김광희 지음 / 신국판 / 356쪽 / 12,000원
성공하는 사람들의 마케팅 바이블
채수명 지음 / 신국판 / 328쪽 / 12,000원
느린 비즈니스로 돌아가라
사카모토 게이이치 지음 / 정성호 옮김 / 신국판 / 276쪽 / 9,000원
적은 돈으로 큰돈 벌 수 있는 부동산 재테크
이원재 지음 / 신국판 / 340쪽 / 12,000원
바이오혁명 이주영 지음 / 신국판 / 328쪽 / 12,000원
성공하는 사람들의 자기혁신 경영기술
채수명 지음 / 신국판 / 344쪽 / 12,000원
CFO 교덴 토요오·타하라 오키시 지음 / 민병수 옮김
신국판 / 312쪽 / 12,000원
네트워크시대 네트워크마케팅
임동학 지음 / 신국판 / 376쪽 / 12,000원
성공리더의 7가지 조건
다이엔 트레이시·윌리엄 모건 지음 / 지창영 옮김
신국판 / 360쪽 / 13,000원
김종결의 성공창업
김종결 지음 / 신국판 / 340쪽 / 12,000원
최적의 타이밍에 내 집 마련하는 기술
이원재 지음 / 신국판 / 248쪽 / 10,500원
컨설팅 세일즈 Consulting sales
임동학 지음 / 대국전판 / 336쪽 / 13,000원
연봉 10억 만들기
김농주 지음 / 국판 / 216쪽 / 10,000원
주5일제 근무에 따른 한국형 주말창업
최효진 지음 / 신국판 변형 양장본 / 216쪽 / 10,000원
돈 되는 땅 돈 안되는 땅
김영준 지음 / 신국판 / 320쪽 / 13,000원
돈 버는 회사로 만들 수 있는 109가지

다카하시 도시노리 지음 / 민병수 옮김 / 신국판 / 344쪽 / 13,000원
프로는 디테일에 강하다
김미현 지음 / 신국판 / 248쪽 / 9,000원
머니투데이 송복규 기자의 부동산으로 주머니돈 100배 만들기
송복규 지음 / 신국판 / 328쪽 / 13,000원
성공하는 슈퍼마켓&편의점 창업
나명환 지음 / 4×6배판 변형 / 500쪽 / 28,000원
대한민국 성공 재테크 부동산 펀드와 리츠로 승부하라
김영준 지음 / 신국판 / 256쪽 / 12,000원
마일리지 200% 활용하기
박성희 지음 / 국판 변형 / 200쪽 / 8,000원
1%의 가능성에 도전, 성공 신화를 이룬 여성 CEO
김미현 지음 / 신국판 / 248쪽 / 9,500원
3천만 원으로 부동산 재벌 되기
최수길·이숙·조연희 지음 / 신국판 / 290쪽 / 12,000원
10년을 앞설 수 있는 재테크 노동규 지음 / 신국판 / 260쪽 / 10,000원
세계 최강을 추구하는 도요타 방식
나카야마 키요타카 지음 / 민병수 옮김 / 신국판 / 296쪽 / 12,000원
최고의 설득을 이끌어내는 프레젠테이션
조두환 지음 / 신국판 / 296쪽 / 11,000원
최고의 만족을 이끌어내는 창의적 협상
조강희·조원희 지음 / 신국판 / 248쪽 / 10,000원
New 세일즈 기법 물건을 팔지 말고 가치를 팔아라
조기선 지음 / 신국판 / 264쪽 / 9,500원
작은 회사는 전략이 달라야 산다
황문진 지음 / 신국판 / 312쪽 / 11,000원
돈되는 슈퍼마켓&편의점 창업전략(입지편)
나명환 지음 / 신국판 / 352쪽 / 13,000원
25·35 꼼꼼 여성 재테크 정원훈 지음 / 신국판 / 224쪽 / 11,000원
대한민국 2030 독특하게 창업하라
이상헌·이호 지음 / 신국판 / 288쪽 / 12,000원
왕초보 주택 경매로 돈 벌기
천관성 지음 / 신국판 / 268쪽 / 12,000원
New 마케팅 기법 (실천편) 물건을 팔지 말고 가치를 팔아라 2
조기선 지음 / 신국판 / 240쪽 / 10,000원
퇴출 두려워 마라 홀로서기에 도전하라
신정수 지음 / 신국판 / 256쪽 / 11,500원
슈퍼마켓&편의점 창업 바이블
나명환 지음 / 신국판 / 280쪽 / 12,000원
위기의 한국 기업 재창조하라
신정수 지음 / 신국판 양장본 / 304쪽 / 15,000원

주 식

개미군단 대박맞이 주식투자
홍성걸(한양증권 투자분석팀장) 지음 / 신국판 / 310쪽 / 9,500원
알고 하자! 돈 되는 주식투자
이길영 외 2명 공저 / 신국판 / 388쪽 / 12,500원
항상 당하기만 하는 개미들의 매도·매수타이밍 999% 적중 노하우
강경무 지음 / 신국판 / 336쪽 / 12,000원
부자 만들기 주식성공클리닉
이창희 지음 / 신국판 / 372쪽 / 11,500원
선물·옵션 이론과 실전매매
이창희 지음 / 신국판 / 372쪽 / 12,000원
너무나 쉬워 재미있는 주가차트
홍성무 지음 / 4×6배판 / 216쪽 / 15,000원
주식투자 직접 투자로 높은 수익을 올릴 수 있는 비결
김학균 지음 / 신국판 / 230쪽 / 11,000원
역대 연봉 증권맨이 말하는 슈퍼 개미의 수익 나는 원리
임정규 지음 / 신국판 / 248쪽 / 12,500원

역 학

역리종합 만세력 정도명 편저 / 신국판 / 532쪽 / 10,500원

작명대전 정보국 지음 / 신국판 / 460쪽 / 12,000원
하락이수 해설 이천교 편저 / 신국판 / 620쪽 / 27,000원
현대인의 창조적 관상과 수상 백운산 지음 / 신국판 / 344쪽 / 9,000원
대운용신영부적 정재원 지음 / 신국판 양장본 / 750쪽 / 39,000원
사주비결활용법 이세진 지음 / 신국판 / 392쪽 / 12,000원
컴퓨터세대를 위한 新성명학대전 박용찬지음/신국판/388쪽/11,000원
길흉화복 꿈풀이 비법 백운산 지음 / 신국판 / 410쪽 / 12,000원
새천년 작명컨설팅 정재원 지음 / 신국판 / 492쪽 / 13,900원
백운산의 신세대 궁합 백운산 지음 / 신국판 / 304쪽 / 9,500원
동자삼 작명학 남시모 지음 / 신국판 / 496쪽 / 15,000원
구성학의 기초 문길여 지음 / 신국판 / 412쪽 / 12,000원
소울음소리 이건우 지음 / 신국판 / 314쪽 / 10,000원

법률 일반

여성을 위한 성범죄 법률상식
조명원(변호사) 지음 / 신국판 / 248쪽 / 8,000원
아파트 난방비 75% 절감방법
고영근 지음 / 신국판 / 238쪽 / 8,000원
일반인이 꼭 알아야 할 절세전략 173선
최성호(공인회계사) 지음 / 신국판 / 392쪽 / 12,000원
변호사와 함께하는 부동산 경매
최환주(변호사) 지음 / 신국판 / 404쪽 / 13,000원
혼자서 쉽고 빠르게 할 수 있는 소액재판
김재용·김종철 공저 / 신국판 / 312쪽 / 9,500원
"술 한 잔 사겠다"는 말에서 찾아보는 채권·채무
변환철(변호사) 지음 / 신국판 / 408쪽 / 13,000원
알기쉬운 부동산 세무 길라잡이
이건우(세무서 재산계장) 지음 / 신국판 / 400쪽 / 13,000원
알기쉬운 어음, 수표 길라잡이
변환철(변호사) 지음 / 신국판 / 328쪽 / 11,000원
제조물책임법
강동근·윤종성(검사) 공저 / 신국판 / 368쪽 / 13,000원
알기 쉬운 주5일근무에 따른 임금·연봉제 실무
문강분(공인노무사) 지음 / 4×6배판 변형 / 544쪽 / 35,000원
변호사 없이 당당히 이길 수 있는 형사소송
김대환 지음 / 신국판 / 304쪽 / 13,000원
변호사 없이 당당히 이길 수 있는 민사소송
김대환 지음 / 신국판 / 412쪽 / 14,500원
혼자서 해결할 수 있는 교통사고 Q&A
조명원(변호사) 지음 / 신국판 / 336쪽 / 12,000원
알기 쉬운 개인회생·파산 신청법
최재구(법무사) 지음 / 신국판 / 352쪽 / 13,000원

생활법률

부동산 생활법률의 기본지식
대한법률연구회 지음 / 김원중(변호사) 감수 / 신국판 / 472쪽 / 13,000원
고소장·내용증명 생활법률의 기본지식
하태웅(변호사) 지음 / 신국판 / 440쪽 / 12,000원
노동 관련 생활법률의 기본지식
남동희(공인노무사) 지음 / 신국판 / 528쪽 / 14,000원
외국인 근로자 생활법률의 기본지식
남동희(공인노무사) 지음 / 신국판 / 400쪽 / 12,000원
계약작성 생활법률의 기본지식
이상도(변호사) 지음 / 신국판 / 560쪽 / 14,500원
지적재산 생활법률의 기본지식
이상도(변호사)·조의제(변리사) 공저 / 신국판 / 496쪽 / 14,000원
부당노동행위와 부당해고 생활법률의 기본지식
박영수(공인노무사) 지음 / 신국판 / 432쪽 / 14,000원
주택·상가임대차 생활법률의 기본지식
김운용(변호사) 지음 / 신국판 / 480쪽 / 14,000원

하도급거래 생활법률의 기본지식
김진흥(변호사) 지음 / 신국판 / 440쪽 / 14,000원
이혼소송과 재산분할 생활법률의 기본지식
박동섭(변호사) 지음 / 신국판 / 460쪽 / 14,000원
부동산등기 생활법률의 기본지식
정상태(법무사) 지음 / 신국판 / 456쪽 / 14,000원
기업경영 생활법률의 기본지식
안동섭(단국대 교수) 지음 / 신국판 / 466쪽 / 14,000원
교통사고 생활법률의 기본지식
박정무(변호사)·전병찬 공저 / 신국판 / 480쪽 / 14,000원
소송서식 생활법률의 기본지식
김대환 지음 / 신국판 / 480쪽 / 14,000원
호적·가사소송 생활법률의 기본지식
정주수(법무사) 지음 / 신국판 / 516쪽 / 14,000원
新상속과 세금 생활법률의 기본지식
박동섭(변호사) 지음 / 신국판 / 492쪽 / 14,500원
담보·보증 생활법률의 기본지식
류창호(법학박사) 지음 / 신국판 / 436쪽 / 14,000원
소비자보호 생활법률의 기본지식
김성천(법학박사) 지음 / 신국판 / 504쪽 / 15,000원
판결·공정증서 생활법률의 기본지식
정상태(법무사) 지음 / 신국판 / 312쪽 / 13,000원
산업재해보상보험 생활법률의 기본지식
정유석(공인노무사) 지음 / 신국판 / 384쪽 / 14,000원

처 세

성공적인 삶을 추구하는 여성들에게 우먼파워
조안 커너·모이라 레이너 공저 / 지창영 옮김
신국판 / 352쪽 / 8,800원
勝 이익이 되는 말 話 손해가 되는 말
우메시마 미요 지음 / 정성호 옮김 / 신국판 / 304쪽 / 9,000원
부자들의 생활습관 가난한 사람들의 생활습관
다케우치 야스오 지음 / 홍영의 옮김 / 신국판 / 320쪽 / 9,800원
코끼리 귀를 담긴 원숭이-히딩크식 장의력을 배우자
강충인 지음 / 신국판 / 208쪽 / 8,500원
성공하려면 유머와 위트로 무장하라
민영욱 지음 / 신국판 / 292쪽 / 9,500원
등소평의 오뚝이전략 조창남 편저 / 신국판 / 304쪽 / 9,500원
노무현 화술과 화법을 통한 이미지 변화
이현정 지음 / 신국판 / 320쪽 / 10,000원
성공하는 사람들의 토론의 법칙
민영욱 지음 / 신국판 / 280쪽 / 9,500원
사람은 칭찬을 먹고산다 민영욱 지음 / 신국판 / 268쪽 / 9,500원
사과의 기술 김농주 지음 / 신국판 변형 양장본 / 200쪽 / 10,000원
취업 경쟁력을 높여라 김농주 지음 / 신국판 / 280쪽 / 12,000원
유비쿼터스시대의 블루오션 전략
최양진 지음 / 신국판 / 248쪽 / 10,000원
나만의 블루오션 전략-화술편
민영욱 지음 / 신국판 / 254쪽 / 10,000원
희망의 씨앗을 뿌리는 20대를 위하여
우광균 지음 / 신국판 / 172쪽 / 9,500원
끌리는 사람이 되기위한 이미지 컨설팅
홍순아 지음 / 대국전판 / 194쪽 / 10,000원
글로벌 리더의 소통을 위한 스피치
민영욱 지음 / 신국판 / 328쪽 / 10,000원
오바마처럼 꿈에 미쳐라 정영순 지음 / 신국판 / 208쪽 / 9,500원
여자 30대, 내 생에 최고의 인생을 만들어라
정영순 지음 / 신국판 / 256쪽 / 11,500원
인맥의 달인을 넘어 인맥의 神이 되라
서필환·봉은희 지음 / 신국판 / 304쪽 / 12,000원
아임 파인(I'm Fine!)

오오카와 류우호오 지음 / 4×6판 / 152쪽 / 8,000원

미셸 오바마처럼 사랑하고 성공하라
정영순 지음 / 신국판 / 224쪽 / 10,000원

용기의 법
오오카와 류우호오 지음 / 국판 / 208쪽 / 10,000원

명 상

명상으로 얻는 깨달음
달라이 라마 지음 / 지창영 옮김 / 국판 / 320쪽 / 9,000원

어 학

2진법 영어 이상도 지음 / 4×6배판 변형 / 328쪽 / 13,000원

한 방으로 끝내는 영어 고제윤 지음 / 신국판 / 316쪽 / 9,800원

한 방으로 끝내는 영단어 김승엽 지음 / 김수경 · 카렌다 감수 / 4×6배판 변형 / 236쪽 / 9,800원

해도해도 안 되던 영어회화 **하루에 30분씩 90일이면 끝낸다**
Carrot Korea 편집부 지음 / 4×6배판 변형 / 260쪽 / 11,000원

바로 활용할 수 있는 **기초생활영어**
김수경 지음 / 신국판 / 240쪽 / 10,000원

바로 활용할 수 있는 **비즈니스영어**
김수경 지음 / 신국판 / 252쪽 / 10,000원

생존영어55 홍일록 지음 / 신국판 / 224쪽 / 8,500원

필수 여행영어회화 한현숙 지음 / 4×6판 변형 / 328쪽 / 7,000원

필수 여행일어회화 윤영자 지음 / 4×6판 변형 / 264쪽 / 6,500원

필수 여행중국어회화 이은진 지음 / 4×6판 변형 / 256쪽 / 7,000원

영어로 배우는 중국어 김승엽 지음 / 신국판 / 216쪽 / 9,000원

필수 여행스페인어회화 유연창 지음 / 4×6판 변형 / 288쪽 / 7,000원

바로 활용할 수 있는 **홈스테이 영어**
김형주 지음 / 신국판 / 184쪽 / 9,000원

필수 여행러시아어회화 이은수 지음 / 4×6판 변형 / 248쪽 / 7,500원

여 행

우리 땅 우리 문화가 살아 숨쉬는 **옛터**
이형권 지음 / 대국전판(올컬러) / 208쪽 / 9,500원

아름다운 **산사** 이형권 지음 / 대국전판(올컬러) / 208쪽 / 9,500원

맛과 멋이 있는 낭만의 **카페**
박성찬 지음 / 대국전판(올컬러) / 168쪽 / 9,900원

한국의 숨어 있는 아름다운 **풍경**
이종원 지음 / 대국전판(올컬러) / 208쪽 / 9,900원

사람이 있고 자연이 있는 아름다운 **명산**
박기성 지음 / 대국전판(올컬러) / 176쪽 / 12,000원

마음의 고향을 찾아가는 여행 **포구**
김인자 지음 / 대국전판(올컬러) / 224쪽 / 14,000원

생명이 살아 숨쉬는 한국의 아름다운 **강**
민병준 지음 / 대국전판(올컬러) / 168쪽 / 12,000원

틈나는 대로 **세계여행**
김재관 지음 / 4×6배판 변형(올컬러) / 368쪽 / 20,000원

풍경 속을 걷는 즐거움 **명상 산책**
김인자 지음 / 대국전판(올컬러) / 224쪽 / 14,000원

3.3.7 세계여행
김완수 지음 / 4×6배판 변형(올컬러) / 280쪽 / 12,900원

레포츠

수열이의 브라질 축구 탐방 **삼바 축구, 그들은 강하다**
이수열 지음 / 신국판 / 280쪽 / 8,500원

마라톤, 그 아름다운 도전을 향하여
빌 로저스 · 프리실라 웰치 · 조 헨더슨 공저 /
오인환 감수 / 지창영 옮김 / 4×6배판 / 320쪽 / 15,000원

인라인스케이팅 100%즐기기
임미숙 지음 / 4×6배판 변형 / 172쪽 / 11,000원

스키 100% 즐기기
김동환 지음 / 4×6배판 변형 / 184쪽 / 12,000원

태권도 총론
하웅의 지음 / 4×6배판 / 288쪽 / 15,000원

수영 100% 즐기기
김종만 지음 / 4×6배판 변형 / 248쪽 / 13,000원

건강을 위한 **웰빙 걷기**
이강옥 지음 / 대국전판 / 280쪽 / 10,000원

쉽고 즐겁게! 신나게! 배우는 **재즈댄스**
최재선 지음 / 4×6배판 변형 / 200쪽 / 12,000원

해양스포츠 카이트보딩
김남용 편저 / 신국판(올컬러) / 152쪽 / 18,000원

골 프

퍼팅 메커닉
이근택 지음 / 4×6배판 변형 / 192쪽 / 18,000원

아마골프 가이드
정영호 지음 / 4×6배판 변형 / 216쪽 / 12,000원

골프 100타 깨기
김준모 지음 / 4×6배판 변형 / 136쪽 / 10,000원

골프 90타 깨기
김광섭 지음 / 4×6배판 변형 / 148쪽 / 11,000원

KLPGA 최여진 프로의 센스 골프
최여진 지음 / 4×6배판 변형(올컬러) / 192쪽 / 13,900원

KTPGA 김준모 프로의 파워 골프
김준모 지음 / 4×6배판 변형(올컬러) / 192쪽 / 13,900원

골프 80타 깨기
오태훈 지음 / 4×6배판 변형 / 132쪽 / 10,000원

신나는 골프 세상
유응열 지음 / 4×6배판 변형(올컬러) / 232쪽 / 16,000원

이신 프로의 **더 퍼펙트**
이신 지음 / 국배판 변형 / 336쪽 / 28,000원

주니어출신 박영진 프로의 **주니어골프**
박영진 지음 / 4×6배판 변형(올컬러) / 164쪽 / 11,000원

골프손자병법
유응열 지음 / 4×6배판 변형(올컬러) / 212쪽 / 16,000원

박영진 프로의 주말 골퍼 100타 깨기
박영진 지음 / 4×6배판 변형(올컬러) / 160쪽 / 12,000원

10타 줄여주는 클럽 피팅
현세용 · 서주석 공저 / 4×6배판 변형 / 184쪽 / 15,000원

단기간에 싱글이 될 수 있는 원포인트 레슨
권용진 · 김준모 지음 / 4×6배판 변형(올컬러) / 152쪽 / 12,500원

이신 프로의 더 퍼펙트 쇼트 게임
이신 지음 / 국배판 변형(올컬러) / 248쪽 / 20,000원

인체에 가장 잘 맞는 스킨 골프
박길석 지음 / 국배판 변형 양장본(올컬러) / 312쪽 / 43,000원

여성실용

결혼준비, 이제 놀이가 된다 김창규 · 김수경 · 김정철 지음
4×6배판 변형(올컬러) / 230쪽 / 13,000원

아 동

꿈도둑의 비밀
이소영 지음 / 신국판 / 136쪽 / 7,500원

최고의 설득을 이끌어내는
프레젠테이션

2006년 6월 30일 제1판 1쇄 발행
2010년 7월 31일 제1판 3쇄 발행

지은이/조두환
펴낸이/강선희
펴낸곳/가림출판사

등록/1992. 10. 6. 제4-191호
주소/서울시 광진구 구의동 57-71 부원빌딩 4층
대표전화/458-6451   팩스/458-6450
홈페이지/ www.galim.co.kr
전자우편/galim@galim.co.kr

값 11,000원

저자와의 협의하에 인지를 생략합니다.

ISBN 978-89-7895-241-5 13320

가림출판사 · 가림M&B · 가림Let's의 홈페이지(http://www.galim.co.kr)에 들
어오시면 가림출판사 · 가림M&B · 가림Let's의 신간도서 및 출간 예정 도서를
포함한 모든 책들을 만나실 수 있습니다.
온라인 서점을 통하여 직접 도서 구입도 하실 수 있으며 가림 홈페이지 내에서
전국 대형 서점들의 사이트에 링크하시어 종합 신간 안내 및 각종 도서 정보,
책과 관련된 문화 정보를 받아보실 수 있습니다.
또한 홈페이지 방문시 회원으로 가입하시면 신간 안내 자료를 보내드립니다.